Le secret de la paix intérieure

Le secret de la PAIX INTÉRIEURE

Discours sur la spiritualité

Swami Ramakrishnananda Puri

Mata Amritanandamayi Center, San Ramon
Californie, États-Unis

Le secret de la paix intérieure

Discours sur la spiritualité
par Swami Ramakrishnananda Puri

Publié par :
Mata Amritanandamayi Center
P.O. Box 613
San Ramon, CA 94583
États-Unis

———————————— *Secret of Inner Peace (French)* ————————————

Première édition par le Centre MA : septembre 2016

En France :
Ferme du Plessis
28190 Pontgouin
www.ammafrance.org

En Inde :
www.amritapuri.org
inform@amritapuri.org

Dédicace

Amma, ma vie est comblée,
Je suis rempli d'une paix profonde.
Savoir que Tes pieds sacrés
Sont gravés dans mon cœur
Me fait verser des larmes de joie

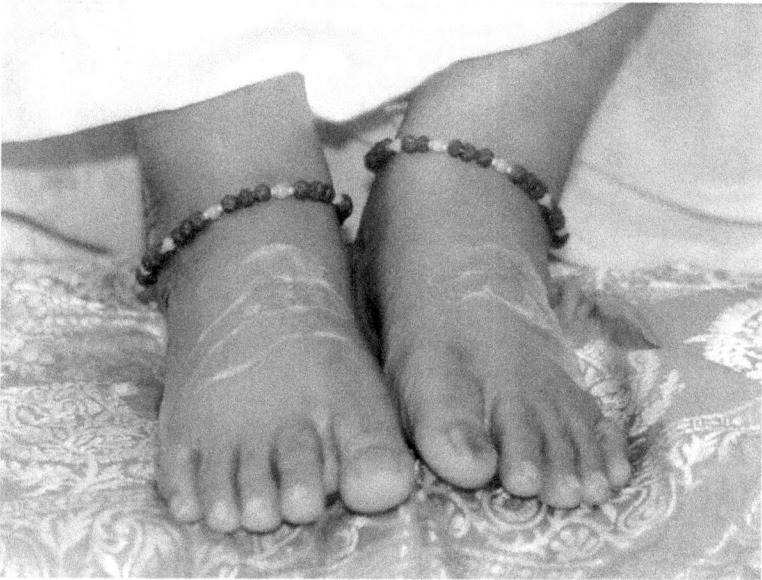

J'offre humblement ce livre aux pieds de lotus
de mon satguru bien-aimé,
Sri Mata Amritanandamayi.

Table des matières

Préface

Quand j'ai commencé, l'an dernier, à écrire « La vie bénie », j'avais, semblait-il, largement le temps de terminer le livre avant la date que je m'étais fixée pour sa sortie, les cinquante-deux ans d'Amma. Puis, l'une après l'autre, les tâches s'accumulèrent : il me fallut aller dans le Tamil Nadou et au Sri Lanka visiter plusieurs villages frappés par le tsunami et qui étaient alors en reconstruction. Je dus également donner des conférences dans quelques unes des écoles et des universités d'Amma en Inde du Sud. Et à cela vint s'ajouter un long voyage en Amérique du Sud. Quelques jours avant mon départ, je dis à Amma qu'il me paraissait impossible d'achever le livre dans les délais requis. Elle me répondit simplement : « Ne t'inquiète pas. » Je pensai alors qu'Elle ne voulait pas que je me fasse du souci au sujet de la date de parution du livre. Cela pouvait également signifier que je ne devais pas m'inquiéter parce qu'Elle allait m'aider à atteindre mon but. Optimiste, je choisis la deuxième interprétation. J'en fis part au *brahmachari* qui m'aidait à rédiger le livre. Il répondit : « Swamiji, si vous étiez en train d'écrire un article, je serais d'accord avec vous. Mais puisque, après tout, vous écrivez un livre, je pense qu'il vaut mieux choisir la première interprétation et ne pas vous inquiéter de savoir si vous allez le finir. Ainsi, vous pourrez vous concentrer tranquillement sur vos autres tâches. »

Et pourtant, par la grâce d'Amma, je réussis à finir ce livre la nuit qui précédait mon départ pour l'Amérique du Sud. En écrivant les dernières phrases, ces versets du Gita dhyanam me revinrent en mémoire :

mūkam karoti vācālaṁ
paṅguṁ laṅghataye girim
yat kṛpā tam aham vande
paramānanda mādhavam

Je me prosterne devant Madhavan,
Source de la Béatitude suprême.
Par Sa grâce, les muets deviennent des orateurs éloquents
Et les paralysés traversent des montagnes.

Aujourd'hui, il me semble que ces lignes décrivent de manière tout aussi adéquate la façon dont ce livre a vu le jour malgré les contraintes du temps et des obstacles encore plus évidents. Ce que vous avez entre les mains est un hommage à la grâce d'Amma, cette grâce dont j'ai toujours désiré devenir un pur instrument.

Swami Ramakrishnanda Puri,
Amritapuri,
27 septembre 2006

Introduction

Un homme entendit un jour une personnalité de la radio déclarer : « Le moyen d'atteindre la paix intérieure, c'est de finir tout ce que vous laissez inachevé. » Inspiré par ces paroles, il fit le tour de sa maison pour voir tout ce qu'il avait laissé inachevé. Il termina donc une bouteille de Champagne entamée, un pack de six bières, un paquet de biscuits au chocolat, les trois quarts d'un gâteau au fromage et à la myrtille et une boîte de chocolats fins. Pensant qu'il avait eu une révélation, il décida d'appeler ses amis pour leur parler de cette nouvelle stratégie, si efficace, mais il s'évanouit avant d'arriver au téléphone. Quand il rouvrit les yeux, il fixait les lumières puissantes du service des urgences. Comme pour cet homme, notre chemin vers la paix intérieure est parfois semé de faux départs et d'erreurs. Si nous voulons réellement la paix intérieure, regardons la vie et l'enseignement de ceux qui l'ont trouvée.

Nous vivons dans le même monde que les maîtres spirituels, nous nous heurtons aux mêmes difficultés, et pourtant ils sont en paix et satisfaits tandis que nous restons agités et insatisfaits. Un scientifique renommé vint un jour rencontrer Amma. Quand Amma lui demanda comment allait sa famille, il fondit en larmes. Son fils n'avait pas été admis à l'université de son choix. Tourmenté par l'angoisse, il avait passé des nuits blanches : qu'allait devenir son fils ? Ce géant intellectuel n'avait pas la capacité de faire face aux défis de la vie avec équanimité.

Les lecteurs auront sans doute bien du mal à imaginer qu'Amma, lorsque je l'ai rencontrée il y a 29 ans, vivait dehors, dormait à la belle étoile, pratiquement comme une personne sans foyer. En fait, il y avait déjà longtemps qu'elle vivait ainsi. Quelques années plus tard, le premier groupe de disciples monastiques (*brahmacharis*) vint s'installer à l'ashram et on construisit une petite hutte. A l'époque, je n'imaginais pas que, de ces modestes origines, allait surgir une organisation vouée à la spiritualité et au service social, qui toucherait dix millions de personnes et dont les bienfaits dans le monde seraient si diversifiés.

Les gens demandent parfois à Amma : « Tu as accompli tant de choses en si peu de temps. Quels sentiments t'inspire cette réussite ? »

Amma répond : « Aucun. Louanges ou critiques, rien ne m'affecte. Je ne cherche pas à être reconnue ni appréciée. Je me suis offerte au monde et je continuerai à servir l'humanité par tous les moyens possibles jusqu'à mon dernier souffle. »

Amma était en paix quand elle n'avait ni toit ni ami en ce monde, et elle est en paix maintenant, alors qu'elle compte parmi les guides spirituels les plus largement reconnus et respectés dans le monde et que son œuvre humanitaire l'est tout autant. Amma dit que le véritable succès spirituel, c'est de réussir à garder son calme intérieur en n'importe quelles circonstances, à ne jamais perdre la paix intérieure qui est notre vraie nature et notre demeure réelle. Un poisson qui se débat sur la terre ne sait peut-être pas, ou bien ne croit pas, qu'il y a de l'eau à sa portée. De même, tant que nous ne sommes pas conscients que la source de toute paix et satisfaction se trouve à l'intérieur de nous, nous continuons à souffrir.

Un homme tombe un jour par la fenêtre du premier étage. Il gît par terre, entouré d'une foule de curieux, quand un officier de police arrive et demande : « Qu'est-ce qui s'est passé ? »

« Je ne sais pas, répond l'homme, je viens juste d'arriver ».

Une telle sottise nous fait peut-être rire, mais en tant qu'êtres humains, notre situation n'est guère différente. Comment sommes-nous arrivés ici ? D'où venons-nous ? Où allons-nous ? Qui sommes-nous ? Nous ne savons pas grand-chose de tout cela. Reconnaître notre propre sottise est un grand pas vers la sagesse, car cela nous rend réceptifs à l'enseignement des maîtres spirituels authentiques qui peuvent nous guider.

Le maître spirituel [1], par sa grâce, ses instructions et l'exemple de sa vie, nous guide vers l'expérience suivante : en réalité, nous ne sommes pas des vagues destinées à se fracasser, impuissantes, sur le rivage et à disparaître à jamais ; nous sommes l'océan. Nous *sommes* cette béatitude suprême, cette paix éternelle que nous cherchons, car telle est la nature de notre Soi réel, la Conscience suprême, l'*atman*.

Jamais nous n'avons eu un guide plus patient, aimant et accessible qu'Amma, dont chaque parole, chaque action et chaque respiration témoignent de cette vérité. En examinant la vie d'Amma, nous pouvons apprendre comment utiliser notre vie au maximum, nous pouvons apprendre le secret de la paix intérieure.

---

[1] Dans ce livre on utilise essentiellement le pronom masculin, ce qui respecte la convention et permet d'éviter la maladresse de constructions telles que « il ou elle ». Inutile de dire que Dieu n'est ni masculin ni féminin, qu'Il/Elle transcende les genres. Dans les cas où le contexte n'indique pas clairement le genre, le pronom masculin doit être interprété comme incluant les deux genres. Cela vaut aussi quand il désigne le *guru*.

La vie d'Amma, racontée par elle-même

« Tant que ces bras auront la force de se tendre vers ceux qui viennent vers Amma, de poser la main sur l'épaule d'une personne en pleurs, Amma continuera à le faire… caresser les gens avec amour, les consoler et essuyer leurs larmes jusqu'à la fin de l'existence de ce corps …tel est le souhait d'Amma. »

– Amma

Née dans un village perdu de la côte du Kérala, en Inde du Sud, Amma dit qu'elle a toujours su qu'il existait, au-delà de ce monde changeant des noms et des formes, une réalité supérieure. Dès l'enfance, Amma manifestait de l'amour et de la compassion envers tous. « Un flot d'amour ininterrompu s'écoule d'Amma vers tous les êtres de cet univers. Telle est sa nature. »

Au sujet de son enfance, Amma dit : « Dès l'enfance, Amma se demandait quelle était la cause de la souffrance humaine. Pourquoi les gens étaient-ils pauvres ? Pourquoi avaient-ils faim ? Par exemple, là où Amma a grandi, les gens vivent de la pêche. Certains jours, quand les hommes rentrent de la pêche bredouilles, leur famille doit se passer de nourriture, et cela dure parfois plusieurs jours. » Amma a été très proche de ces villageois et elle a souvent eu l'occasion d'apprendre quelle était la nature du monde en observant leur vie et leurs difficultés.

Amma accomplissait tous les travaux domestiques. Une de ses tâches consistait à nourrir les nombreuses vaches et chèvres de la famille. Pour cela, elle devait se rendre chaque jour dans trente ou quarante maisons du voisinage, parfois soixante. Elle y récoltait les épluchures de tapioca et d'autres déchets alimentaires. Dans ces maisons, elle découvrait toujours des gens en proie à la souffrance, due parfois à la vieillesse, parfois à la pauvreté, ou encore à la maladie. Elle s'asseyait avec eux, écoutait leurs problèmes, partageait leur souffrance et priait pour eux.

Quand elle en avait le temps, elle les emmenait chez ses parents. Là, elle leur donnait un bain chaud et les nourrissait, et il lui arrivait même de dérober des objets de chez elle pour en faire don à ces familles démunies.

Amma a remarqué que quand les enfants sont jeunes, ils dépendent de leurs parents et prient pour que ceux-ci aient une longue vie et ne tombent pas malades. Mais une fois adultes, ils ont le sentiment que leurs parents, qui sont devenus vieux, sont une charge. Ils se disent : « Pourquoi devrais-je faire tout ce travail pour mes parents ? » Les nourrir, laver leurs vêtements et prendre soin d'eux devient un fardeau pour ces mêmes enfants qui priaient autrefois pour que leurs parents vivent longtemps. Alors une question a surgi dans l'esprit d'Amma : « Pourquoi y a-t-il tant de contradictions en ce monde ? Pourquoi n'y a-t-il pas d'amour véritable ? Quelle est la cause réelle de cette souffrance et quelle en est la solution ? »

Amma dit : « Aussitôt, la réponse est venue de l'intérieur : la souffrance de l'humanité était due au *karma* des gens, c'était le fruit de leurs actions passées. Mais Amma n'était pas satisfaite. Elle a songé : « Si leur *karma* est de souffrir, n'est-ce pas notre *dharma*[2] de les aider ? »

---

[2] En sanscrit, le mot *dharma* signifie « Ce qui soutient (la création) ». Il est utilisé de différentes manières en différents contextes, ou, pour être plus précis, il désigne différents aspects de la même notion. La traduction la plus proche serait ici « devoir ». La justice, l'harmonie, sont d'autres sens possibles.

Si quelqu'un tombe dans un puits profond, est-il correct de passer son chemin en disant : « C'est son *karma* de souffrir ainsi » ? Non, notre devoir est de l'aider à sortir de ce trou.

Depuis sa plus tendre enfance, Amma savait que Dieu (le Soi, la Puissance suprême) seul est Vérité et que le monde n'est pas la réalité absolue et elle restait de longues heures absorbée dans une méditation profonde. Ses parents et sa famille, qui ne comprenaient pas ce qui se passait, la grondaient par ignorance et s'opposaient à ses pratiques spirituelles.

Mais Amma était absorbée dans le souvenir de Dieu, et les critiques et les punitions imposées par sa famille ne l'affectaient en rien. Il lui fallut à cette époque vivre dehors, le jour comme la nuit. Ce furent les animaux qui prirent soin d'elle, lui apportant à manger et la réveillant de ses états profonds de méditation.

Amma fit alors l'expérience de son unité avec l'ensemble de la création, et comprit que le but de sa vie était d'élever la conscience de l'humanité souffrante. C'est alors qu'a commencé sa mission spirituelle : répandre le message de la vérité, de l'amour et de la compassion dans le monde entier, en recevant tous ceux qui viennent à elle. »

Très vite, le nombre de ceux qui voulaient faire l'expérience de l'amour inconditionnel d'Amma a augmenté et ils sont venus de tous les coins du monde dans le village de pêcheurs jadis inconnu et somnolant de Parayakadavou. Et il ne fallut pas long-temps avant qu'un système de ticket s'avère nécessaire. Ceux qui voulaient faire l'expérience de l'amour inconditionnel d'Amma ont dû prendre un ticket et faire la queue. Aujourd'hui, Amma passe la plus grande partie de l'année à voyager dans toute l'Inde et dans le monde entier pour aider l'humanité souffrante grâce à son enseignement et au réconfort de son étreinte remplie d'amour.

Son ashram est la demeure de trois mille personnes et des milliers de gens viennent chaque jour de toute l'Inde et du monde entier. Les résidents de l'ashram et les visiteurs sont inspirés par son exemple et se consacrent au service du monde. Contribuant au vaste réseau d'œuvres caritatives d'Amma, ils bâtissent des maisons pour les sans-abri, donnent des pensions aux indigents et procurent des soins médicaux aux malades. D'innombrables personnes dans le monde contribuent à cette entreprise d'amour. Tout récemment, Amma a reçu des honneurs internationaux pour les dons qu'elle a faits : un million de dollars à la fondation Bush-Clinton pour secourir les victimes du cyclone Katrina aux Etats-Unis, et 23 millions de dollars pour secourir et réinsérer les victimes du tsunami en Inde, à Sri Lanka et dans les îles Andaman et Nicobar. Au journaliste qui lui demandait comment elle avait pu s'engager à verser une telle somme, Amma a répondu : « Mes enfants sont ma force. » Elle ne parlait pas seulement des brahmacharis, des brahmacharinis et des autres résidents de l'ashram qui travaillent jusqu'à quinze heures par jour sans recevoir aucun salaire, désireux d'aider autant de gens que possible en un minimum de temps. Faisant référence à ses millions de dévots dans le monde, Amma a dit : « J'ai beaucoup de bons enfants. Ils font tout ce qu'ils peuvent. » Elle a raconté ensuite comment de petits enfants fabriquent des poupées ou des statues et les vendent afin de donner l'argent à leur Amma bien-aimée. « Certains enfants, quand on leur offre de l'argent pour leur anniversaire ou que leurs parents leur offrent une glace, déclarent qu'ils préfèrent donner l'argent à Amma, en disant qu'Amma peut l'utiliser pour aider des enfants pauvres. D'autres viennent voir Amma pour lui offrir leurs économies, en déclarant qu'avec cette somme on peut acheter des stylos pour des écoliers pauvres. Amma ne souhaite pas accepter leur offrande, car elle craint d'attrister certains enfants qui n'ont rien à offrir. Mais en voyant la bonté de leur cœur, elle n'a pas le choix. Le gouvernement à lui seul ne peut pas tout faire. Ces enfants donneraient-ils leur argent au gouvernement avec le même amour qu'ils le donnent à Amma ? »

Au niveau international, Amma a reçu une pluie d'honneurs : lors du Centième Parlement des Religions, elle a été désignée comme présidente des représentants de la religion hindoue ; c'est elle qui a fait le discours principal lors du Sommet des Nations Unies organisé pour marquer le début du millénaire et elle a reçu en 2002 le prix Gandhi-King de la non-violence. Tout récemment, Amma a reçu le prix interconfessionnel James Parks Morton, en même temps que le lauréat du Prix Nobel de la Paix Mohamed El Baradei. Ce prix lui a été décerné par le Centre Inter-religieux de New York pour son rôle éminent de guide spirituel et pour son œuvre humanitaire. Lors de la remise du prix, le Centre Inter-religieux a tout particulièrement mentionné l'importance des secours mis en oeuvre par son ashram à la suite du tsunami de 2004. Le Révérend James Park Morton a déclaré en remettant le prix à Amma : « Vous incarnez tout ce que nous défendons. »

« Au fond, dit Amma, l'amour est le seul remède capable de guérir les blessures du monde. Dans cet univers, c'est l'amour qui relie tout. Lorsque la conscience de cette vérité s'éveillera en nous, elle mettra fin à tout ce qui rompt l'harmonie. Seule régnera alors une paix durable. » ❀

Chapitre 1

Cultiver un mental sain

« Les difficultés développent la force mentale, comme le travail corporel développe la force physique. »

– Sénèque

Quand Amma est allée pour la première fois au Japon, aux États-Unis et en Europe, il y a de cela presque vingt ans, je faisais partie du petit groupe de disciples qui l'accompagnaient. C'était la première fois que je quittais l'Inde et j'étais très impressionné par ce que je voyais. Tout le monde avait des ordinateurs, des aspirateurs, des machines à laver, certains avaient déjà des téléphones portables. Bien sûr, à présent, l'Inde est une nation qui se développe rapidement, mais à l'époque, toutes ces choses m'émerveillaient. En voyant le développement de la technologie et le confort qui régnaient en Occident, je me disais : « C'est vraiment le paradis. » Je songeais même qu'en fait, il n'était pas vraiment nécessaire qu'Amma aille en Occident, puisque les gens apparemment ne manquaient de rien.

Mais dès qu'Amma a commencé le *darshan*[1], les gens lui ont raconté tous leurs problèmes. Je traduisais souvent pour eux et

---

[1] Mot à mot : « voir ». Ce mot signifie traditionnellement la rencontre d'un saint, la vue de l'idole d'un temple, ou la vision d'une forme divine. Dans ce livre, *darshan* désigne l'étreinte maternelle d'Amma. Au sujet de son darshan, Amma a dit : « Il ne faut pas considérer les étreintes et les baisers d'Amma comme ordinaires. Quand Amma étreint ou embrasse quelqu'un, il s'agit d'un processus de purification, de guérison intérieure. Amma transmet à ses enfants une partie de sa pure énergie vitale. Cela leur permet aussi de faire l'expérience de l'amour pur, inconditionnel. Quand Amma prend quelqu'un

j'étais sidéré de ce que j'entendais : drogue, grossesses d'adoles-
centes, divorces répétés, dépression.

Avant de me rendre en Occident, je croyais que la dépression
n'était qu'un phénomène météorologique ou une crise écono-
mique. Je n'avais jamais rencontré personne qui ait eu recours à un
psychologue ; en Occident, même les chiens avaient leur psychologue. Je me rappelai les paroles du philosophe Jean-Paul Sartre :
« On a réussi à tout comprendre, excepté comment vivre. » Les
gens de ces pays menaient sans aucun doute une vie confortable
du point de vue extérieur, mais intérieurement, ils étaient en proie
à une grande agitation. L'amour d'Amma était un baume dont ils
avaient grand besoin, et ses conseils spirituels leur donnaient la
force et la confiance nécessaires pour avancer dans la vie.

Pour mener une vie paisible, il nous faut assimiler les principes
spirituels et nous y conformer, ce qui implique d'abandonner nos
attachements et nos attentes pour comprendre la nature chan-
geante du monde et des êtres humains.

Beaucoup de gens ont le sentiment que la spiritualité est une
belle philosophie, mais qu'elle n'a aucune importance lorsqu'il
s'agit de répondre aux besoins concrets de la vie ordinaire. « Quel
lien y a-t-il entre la spiritualité et notre vie quotidienne ? » C'est
une question que l'on peut se poser. Si nous avons une grave
infection à la jambe qui nécessite une injection d'antibiotiques, le
médecin n'a pas besoin de faire la piqûre à la jambe, il peut la faire
au bras. Nous ne protestons pas en déclarant que c'est la jambe
qui est infectée et non le bras, parce que nous savons bien que le
médicament circule dans le corps grâce au sang et qu'il ira ainsi
jusqu'au membre infecté. Ainsi, bien que les pratiques spirituelles
puissent paraître sans rapport avec nos problèmes journaliers, elles
ont un lien très étroit avec eux. C'est la spiritualité qui prépare

---

dans ses bras, cela peut contribuer à éveiller l'énergie spirituelle qui sommeille
en lui. Et cela finira par le mener vers le but ultime de la Réalisation du Soi. »

notre mental à affronter les multiples difficultés de la vie. Comme le médicament circule à travers le sang et agit sur tout le corps, le remède de la spiritualité voyage au travers du mental et il a des effets bénéfiques sur tous les aspects de la vie.

Si nous examinons les choses de près, nous voyons que la vie est uniquement faite d'expériences variées. Celles-ci ne sont possibles que grâce au mental. Si le mental ne fonctionne pas, nous ne faisons aucune expérience. Par exemple, quand nous sommes dans le sommeil profond, le monde qui nous entoure a beau exister, les gens ont beau parler et rire, de nombreux événements se dérouler, nous n'en avons pas conscience parce que le mental ne fonctionne pas. C'est seulement au réveil que nous faisons à nouveau l'expérience du monde.

Comme toutes les expériences sont perçues au travers du mental, il est important que celui-ci soit fort et en bonne santé. Un proverbe dit : « Tel esprit, tel homme... » ou telle femme, bien entendu. Si par exemple un danseur doit se produire sur une scène branlante, sa prestation s'en ressentira. Ainsi, notre mental est la scène sur laquelle se déroule la pièce de théâtre de notre vie. S'il est instable, cela se reflète dans notre vie. S'il est stable et en bonne santé, notre vie sera relativement heureuse et tranquille. C'est le mental qui fait que nous sommes heureux ou malheureux, tranquilles ou tendus, et c'est la compréhension des principes spirituels qui nous aide à développer un mental sain et ainsi, à éprouver plus de paix et de contentement, en dépit de la nature du monde qui nous entoure.

On raconte l'histoire d'une femme riche qui venait de perdre toute sa fortune à la suite d'une transaction. Elle apprit la nouvelle à son amant et lui demanda ensuite :

« Mon chéri, malgré le fait que je ne sois plus riche, est-ce que tu m'aimes encore ?

– Certainement, ma douce, lui assura son amant, je t'aimerai toujours, même s'il est probable que nous ne nous reverrons plus jamais. »

Telle est la nature du monde. Celui qui nous aime aujourd'hui nous quittera peut-être demain. Nous n'obtenons pas toujours ce que nous attendons, et en fait, nous obtenons souvent ce que nous n'attendons pas. Nous pouvons être aujourd'hui l'image même de la santé, et découvrir demain que nous sommes atteints d'une maladie invalidante. En mettant le doigt sur ces vérités, la spiritualité nous prépare à accepter avec un esprit égal les différentes situations que la vie nous amène.

Selon Amma, la vie réserve parfois plus de mauvaises expériences que de bonnes. Ce n'est pas le nombre d'expériences agréables qui détermine la richesse de notre vie, mais la manière dont nous recevons celles qui sont désagréables ou difficiles. Il arrive parfois que pour prévenir ou guérir une maladie, il nous faille boire un médicament amer. Ainsi, les expériences agréables enrichissent la qualité de notre vie, mais c'est le fait de savoir faire face correctement aux difficultés qui nous permet de développer la force intérieure.

Une histoire raconte qu'un bouffon poussa un jour la plaisanterie trop loin et insulta le roi. Furieux, celui-ci le condamna à être exécuté. Les courtisans implorèrent le roi de se montrer miséricordieux envers cet homme qui l'avait si bien servi pendant des années. Au bout d'un certain temps, le roi inflexible fit une concession : il autorisa le bouffon à choisir de quelle manière il voulait mourir. Fidèle à lui-même, le bouffon répliqua : « Sire, si cela vous est indifférent, j'aimerais mourir de vieillesse. »

Chaque situation nous offre un choix très clair : réagir, à cause de notre ego, des expériences du passé, de nos attachements, de nos émotions négatives, ou bien accueillir la situation, en employant nos qualités positives telles que l'amour, la compassion, la patience et la bonté. La clé qui permet d'accueillir la situation au lieu de réagir, c'est l'acceptation. Quand nous acceptons la situation telle qu'elle est, nous en percevons les leçons cachées et les chances qu'elle contient, et nous pouvons en tenir compte dans notre réponse. Mais la plupart d'entre nous avons tendance à réagir : nous sommes alors frustrés, en colère ou déprimés. Notre vie devient dès lors une succession de réactions, entrecoupées de quelques rares moments paisibles où les choses, au moins temporairement, évoluent conformément à nos attentes. En réalité, nous avons toujours un problème ou un autre, mais entre deux gros problèmes, quand nous n'en avons que de petits, nous disons que les choses vont dans notre sens.

Un jeune garçon de dix ans dont le passe-temps favori était les arts martiaux fut un jour victime d'un terrible accident de voiture. Son bras gauche fut écrasé et il fallut l'amputer. Il aurait pu réagir négativement à ce malheur et abandonner les arts martiaux. Mais il continua les cours et son professeur de judo accepta de lui enseigner une forme de judo que l'on peut pratiquer avec un seul bras.

Au bout de trois mois, le garçon n'avait appris qu'un seul mouvement. Il demanda au professeur de lui enseigner quelques autres prises. Celui-ci répondit avec assurance qu'il n'avait pas besoin d'en connaître d'autres.

Peu de temps après, le garçon participa à une compétition. Il semblait en situation d'infériorité, car son adversaire avait deux bras, était plus grand et avait plus d'expérience. Mais quand le garçon en eut l'occasion, il prit le dessus et cloua son opposant au sol en employant le mouvement que son professeur lui avait enseigné.

En rentrant, le garçon demanda à son professeur : « Mais comment se fait-il que j'aie pu gagner en utilisant une seule prise ? »

Le professeur répondit : « Tu as maîtrisé un des mouvements les plus difficiles de l'art du judo. Pour ton adversaire, la seule parade possible contre cette prise aurait été d'attraper ton bras gauche. »

Parce que ce garçon avait choisi de répondre d'une manière positive à la situation, au lieu de réagir négativement à la perte de son bras, il découvrit qu'au moins dans le domaine des arts martiaux, sa plus grande faiblesse était devenue sa plus grande force.

Comme ce garçon, nous aussi pouvons choisir de répondre au lieu de réagir aux situations de la vie. Nous avons la liberté de le faire, mais la plupart du temps nous perdons inconsciemment cette liberté en pensant que nous avons reçu une mauvaise donne au jeu de la vie.

La stricte discipline que Damayanti Amma, la mère d'Amma, lui imposait quand elle était enfant, est peut-être familière aux lecteurs. Elle lui enseignait que s'il lui arrivait de marcher sur un morceau de papier que l'on avait jeté aux ordures, elle devait le toucher et ensuite se toucher les yeux en signe de respect parce que le papier, sous n'importe quelle forme, représente Saraswati, la déesse du savoir. Et elle devait faire la même chose si elle mettait le pied sur le seuil (parce qu'il nous permet de passer d'un lieu à l'autre) et même si elle marchait sur une bouse de vache (parce que la vache prend très peu pour elle-même et offre énormément au monde). Quand Amma était petite fille, la coutume était d'aller chercher le feu dans une autre maison, où il était allumé, au lieu de l'allumer dans sa propre maison ; chacun dans le village allumait sa lampe à partir de cette lampe unique. Quand Damayanti Amma envoyait Amma allumer la lampe, elle lui disait : « Si tu trouves de la vaisselle sale dans cette maison, lave-la avant de revenir. Si la maison a besoin d'être nettoyée, fais le ménage. » Si un invité passait la nuit dans la maison, la mère d'Amma lui disait d'aller dormir dans la cour, pour que l'invité puisse avoir sa chambre. L'invité était servi en premier. Amma dit que sa mère ne se souciait pas de savoir si ses enfants auraient à manger, du moment que l'invité, lui, était servi en abondance et qu'il était choyé de multiples manières. Parfois les enfants n'avaient que de l'eau pour tout repas. Si Amma pilait du curry pour le repas, Damayanti Amma lui interdisait de parler tant qu'elle n'avait pas fini, de crainte qu'une goutte de salive ne tombe dans la nourriture.

Comme l'esprit d'Amma était profondément absorbé dans les principes spirituels, elle réussit à aborder cette situation en apparence négative sous un angle positif. Malgré toutes ces règles sévères, Amma dit qu'elle n'a jamais eu de mauvais sentiments envers sa mère et en parle même parfois comme de son gourou. « Elle n'avait aucune compréhension de la spiritualité, et pourtant, elle a pu me guider ». Amma dit qu'elle ne considérait pas ces règles comme étrangères à la spiritualité. Elle avait le sentiment que de telles règles nous aident à vivre avec plus de conscience et de vigilance. Le fait d'avoir été capable de trouver un principe spirituel dans chacune des instructions de sa mère reflète l'excellente santé de son mental.

Un homme se promenait un jour sur une plage quand il trouva sur le sable une lampe en laiton, toute ternie. Il la ramassa et la retourna. Elle semblait vide. « Et pourquoi pas ? » se dit-il. Il regarda autour de lui pour s'assurer que personne ne le voyait, et il frotta rapidement la lampe.

Aussitôt, un génie apparut et remercia l'homme de l'avoir laissé sortir. Le génie dit : « Pour vous remercier de votre bonté, je vous accorde la réalisation d'un souhait, mais d'un seul. »

L'homme réfléchit une minute avant de dire : « J'ai toujours voulu aller à Hawaï, mais je n'ai jamais pu parce que j'ai peur de prendre l'avion et que j'ai le mal de mer. Je souhaite donc la construction d'un pont qui me permettrait d'aller d'ici à Hawaï. »

Le génie resta songeur une minute et répondit : « Non, je ne crois pas que ce soit dans mes possibilités. Pensez à tout le travail que cela implique, les piliers soutenant l'autoroute devraient toucher le fond de l'océan. Pensez à tout le béton nécessaire ! Sans oublier un système d'écoulement, les éclairages, non, non, cette autoroute, c'est trop. Demandez-moi quelque chose de plus raisonnable. »

L'homme réfléchit une minute et dit : « D'accord, alors voyons, ma femme et moi, nous nous querellons sans cesse. Est-ce que vous pouvez la changer pour que notre mariage devienne parfait ? »

Le génie se gratta la tête en réfléchissant. « D'accord, alors cette autoroute, vous la voulez à deux voies ou à quatre voies ? »

Amma dit que nous avons une forte tendance à attendre des gens qui nous entourent plus qu'ils ne peuvent donner. Elle utilise l'image d'une grenouille que l'on prendrait pour un éléphant. Si nous attendons de la grenouille qu'elle accomplisse les tâches d'un éléphant, nous serons douloureusement déçus.

Seule la compréhension correcte des principes spirituels détruira nos attentes déraisonnables.

Amma comprend et accepte la nature du monde, elle n'a donc aucune attente déraisonnable par rapport à la manière dont les gens la traitent ou à ce qu'elle peut recevoir du monde extérieur. C'est cette clarté de vision que la spiritualité nous aide à développer. Nous ne réussirons peut-être pas à voir le monde avec les yeux d'Amma, mais si nous méditons sur ses enseignements et suivons son exemple autant que nous en sommes capables, nous pouvons sans aucun doute améliorer notre vision ; ce qui nous permettra de goûter une paix et une satisfaction plus grandes dans notre vie quotidienne et de rester concentrés sur le véritable but de la vie humaine, qui est de réaliser notre unité avec Dieu et avec l'ensemble de la création. ❖

Chapitre 2

Le sujet et l'objet

Si vous ne réalisez pas la source, vous trébuchez, rempli de confusion et de chagrin. Quand vous réalisez d'où vous venez, vous devenez naturellement tolérant, désintéressé, amusé, votre cœur est bon comme celui d'une grand-mère, revêtu de la dignité d'un roi. Plongé dans la merveille du Tao, vous pouvez affronter tout ce que la vie vous apporte, et quand la mort arrive, vous êtes prêt.

–Tao Te King

Un soir, à l'époque des fêtes en Inde, un dévot a allumé des feux d'artifice spectaculaires à l'ashram d'Amma. Le bruit était assourdissant et le spectacle magnifique. Au beau milieu de la représentation, une personne souffrant d'un problème d'audition sortit de sa chambre pour demander : « Qui allume donc toutes les lumières ? »

Quand nos organes des sens sont déficients, nous ne pouvons pas apprécier les objets. Si notre vue est faible, même en pleine lumière, nous ne voyons pas distinctement. Si nous nous brûlons la langue, nous ne pouvons pas savourer la plus fine cuisine du monde.

Mais pour qu'il y ait expérience, il ne suffit pas que les sens fonctionnent parfaitement et que des objets soient présents. Toute expérience requiert un sujet pour la faire. Ce sujet est le mental.

Si l'on met à part les sens, toute expérience a deux composantes fondamentales : le sujet et l'objet, ou encore le mental et le monde qui nous entoure. Pour mener une vie tranquille et harmonieuse, il nous faut prendre en compte à la fois le sujet et l'objet de l'expérience. Essayer d'améliorer l'objet de notre expérience est une pratique qui nous est à tous familière. Nous recherchons toujours le meilleur endroit pour vivre, le travail le mieux payé, la nourriture la plus savoureuse et l'épouse la plus séduisante. Mais si nous ne faisons rien pour améliorer le sujet de l'expérience, notre mental, nous n'apprécierons pas notre environnement, si luxueux soit-il[1]. Amma dit que la seule différence entre les riches et les pauvres, c'est que les riches pleurent dans des pièces climatisées au sol recouvert de moquette, tandis que les pauvres pleurent sur le sol en terre battue de leur hutte. Selon Amma, ce qui est vraiment nécessaire, c'est de climatiser le mental. Si nous y parvenons, nous pouvons demeurer relativement paisibles où que nous soyons.

Quand le mental, au travers des sens, prend contact avec les objets du monde qui nous environne, un processus en trois étapes se déroule. Tout d'abord, notre mental reçoit une information venant des organes des sens. Cette information est ensuite traitée par le mental et l'intellect, et alors une émotion, un souvenir, un désir ou une pensée peuvent surgir. Enfin, selon le type de stimulation reçue et l'état de notre mental et de notre intellect, nous envoyons une réponse, sous forme de paroles ou d'actions.

---

[1] Tandis que la plupart des philosophes occidentaux considèrent le mental comme le sujet, le Védanta dit que le mental est aussi un objet, parce que nous sommes conscients de l'état de notre mental (heureux, en colère, calme, etc.) et que tout ce dont nous avons conscience est un objet. Cependant, le Védanta affirme aussi que si le mental est éclairé par l'*atman*, les sens sont éclairés par le mental. Certes, l'*atman* est indispensable au fonctionnement du mental, mais quand ce dernier ne fonctionne pas, par exemple pendant le sommeil profond, bien que l'*atman* soit présent, nous ne faisons aucune expérience. Comme la lune, éclairée par le soleil, donne de la lumière au monde durant la nuit, le mental, éclairé par l'*atman*, éclaire à son tour les sens. C'est en ce sens que le mental, dans ce chapitre, est traité comme un sujet.

Pour que ce processus se déroule le mieux possible, le premier pas consiste à faire attention aux objets avec lesquels les organes des sens entrent en contact. En dehors des heures de travail, la plupart d'entre nous ont la liberté de choisir leur environnement. Nous sommes libres d'aller au cinéma, dans un bar ou dans un restaurant ; nous pouvons aussi nous rendre dans un parc, dans un zoo, un foyer pour personnes âgées ou un centre de méditation. Chacun de ces lieux a sur nous un impact différent et tend à créer en nous la réponse correspondante. Nous savons bien, pour la plupart, quels lieux induisent en nous des sentiments positifs tels que la paix, le calme, l'amour et la compassion et quels sont ceux qui éveillent des sentiments tels que l'angoisse, le désir, la jalousie, la frustration et la colère. En restant continuellement vigilants, nous pouvons choisir correctement notre environnement et les objets avec lesquels nos sens entrent en contact.

Certes, même en faisant attention à ne recevoir du monde extérieur que des stimuli positifs, nous n'avons pas le contrôle absolu de notre mental. Dans un temple ou une église aussi, des pensées et des sentiments négatifs peuvent surgir. Pour illustrer ce point, Amma raconte souvent l'anecdote suivante :

Autrefois, quand Amma partait en tournée dans le nord de l'Inde, elle emmenait presque tous les résidents de l'ashram, car nous n'étions qu'une poignée. Avec les années, le nombre de *brahmacharis* et de *brahmacharinis* à l'ashram a augmenté de manière spectaculaire et ils sont maintenant si nombreux, qu'Amma ne peut pas tous les emmener. Aujourd'hui, la plupart des résidents de l'ashram ne font que la moitié de la tournée. Lors d'un de ces tours, un des brahmacharis passait tout son temps libre auprès d'Amma, la mine triste. Généralement, il y a beaucoup de joie autour d'Amma pendant le darshan, à moins qu'un dévot ne vienne lui confier une histoire vraiment triste. Mais au milieu de tous les visages réjouis, ce jeune homme avait toujours les sourcils froncés et il lui arrivait même de pleurer. Un jour Amma l'appela pour le darshan et lui demanda quel était son problème. « Il va me falloir bientôt quitter Amma, expliqua-t-il en pleurant, dans une semaine, je devrai rentrer à l'ashram. » Cette année-là, son groupe faisait la première partie du tour.

« Mais tous ces enfants aussi devront rentrer, dit Amma en montrant les visages souriants qui l'entouraient. Fils, tu t'inquiètes du futur et cela te rend incapable de profiter du présent, tandis que ces enfants profitent des moments qu'ils passent avec moi au maximum et une fois de retour à l'ashram, ils seront heureux, remplis du souvenir de ces précieux moments. »

En fait, quand le premier groupe rentra à l'ashram et que le deuxième groupe arriva, Amma découvrit une réplique du *brahmachari* déprimé dans le second groupe. Quand Amma lui demanda ce qui n'allait pas, il lui dit ce qui lui pesait lourdement sur le cœur : « Amma ne m'a pas emmené pour la première partie de la tournée ». Cette pensée le tourmenta pendant le reste du tour et il fut totalement incapable d'en profiter.

Dans les deux cas, il aurait suffi que le sujet de l'expérience, le mental des jeunes *brahmacharis*, s'adapte à la situation pour qu'ils apprécient l'objet, la tournée avec Amma.

Nous n'avons pas toujours le contrôle parfait de la situation extérieure. Il est inévitable que nous soyons confrontés à des situations et à des environnements capables de réveiller en nous les pires tendances. En de telles circonstances, même quand une réaction négative surgit en nous, nous devrions être capables de contrôler notre réponse, afin que nos paroles et nos actions ne nuisent ni à nous-mêmes ni aux autres.

Amma raconte l'histoire suivante : il était une fois deux frères, qui en dehors de leur ascendance n'avaient rien en commun. L'un des deux était un criminel dont la vie n'était qu'une succession de séjours en prison, un père violent qui avait déjà divorcé trois fois, un drogué et un alcoolique. Son frère en revanche était le vice-président d'une société prospère, qui pendant son temps libre avait animé une campagne de lutte contre l'illettrisme pour les enfants défavorisés. Il avait épousé la jeune fille dont il était amoureux au lycée, ils avaient eu un enfant et avaient décidé d'en adopter deux autres. Frappé par cette remarquable différence, quelqu'un posa à chacun des deux frères la même question : « Qu'est-ce qui a fait de vous ce que vous êtes aujourd'hui ? »

Le criminel se lamenta : « Tout est de la faute de mon père. Il était alcoolique et nous battait sans motif. Et en plus, il ne nous manifestait jamais d'affection ni d'amour. Alors je suis devenu comme lui. »

Quand on posa la même question au vice-président, il répondit : « En fait, c'est grâce à mon père. Sa vie était un échec dans tous les domaines. Alors, je me suis promis d'être différent et de ne pas commettre les mêmes erreurs que lui. D'une certaine manière, je lui suis reconnaissant. Au moins il m'a montré comment il *ne* fallait *pas* vivre. »

Les deux frères avaient eu la même expérience, celle d'un père excessif et d'une enfance traumatisante. Mais leur réponse avait été complètement différente. Tout dépend de l'état de celui qui traite l'expérience, le mental.

Dans l'épopée du Srimad Bhagavatam, une histoire met en lumière cette vérité. Ayant entendu une prédiction selon laquelle le huitième enfant de sa sœur le tuerait, le méchant roi Kamsa emprisonna sa sœur Dévaki et son époux Vasudéva. Dès que le couple avait un enfant, Kamsa saisissait le nouveau né par les pieds et lui fracassait la tête contre une pierre.

Pendant que Dévaki attendait leur huitième enfant, le couple eut une vision de Vishnou. Le Seigneur leur dit que Vasudéva devait emmener l'enfant dès qu'il naîtrait au village de Vrindavan où Yashoda, l'épouse de Nandagopa, le chef de ce village, aurait juste donné le jour à une petite fille. Vasudéva devait laisser son fils chez Yashoda et Nandagopa et ramener la fille à Dévaki. Quand Sri Krishna, huitième enfant de Dévaki, naquit, Vasudéva suivit les instructions du Dieu Vishnou à la lettre.

Quand le cruel Kamsa apprit que Dévaki avait mis au monde un autre enfant, il se précipita dans la prison où le bébé était né. Arrachant l'enfant des bras de Dévaki, il l'attrapa par les pieds et s'apprêtait à lui fracasser la tête contre une pierre. Il ignorait que l'enfant qu'il tenait était Yogamaya, une incarnation de la Mère Divine. La déesse s'échappa facilement et se mit à grandir. Flottant dans l'espace au-dessus de lui, Yogamaya dit à Kamsa : « Tu ne peux pas me tuer. Si je le désirais, je pourrais facilement t'anéantir, mais celui qui est destiné à le faire est vivant, en bonne santé et hors de ton atteinte. Ton destin est scellé. »

Certains érudits ont une autre théorie pour expliquer le fait que Yogamaya ait épargné la vie de Kamsa. La Mère Divine est si pleine de compassion, disent-ils, qu'elle protège toute personne qui prend refuge en elle. Traditionnellement, le fait de toucher les pieds est une manière d'exprimer son respect et son obéissance. Kamsa n'a touché les pieds de Yogamaya que dans l'intention de la tuer et pourtant, ce geste a suffi pour que son cœur déborde de compassion envers lui et qu'elle lui fasse grâce de la vie.

Comme Yogamaya dans cette histoire, les *mahatmas*[2] réagissent toujours de manière positive, quelle que soit la situation. Pour Amma, le mental n'est qu'un instrument qu'elle contrôle parfaitement, sans aucune panne, sans aucun accroc.

Je me rappelle un couple qui confiait souvent ses problèmes conjugaux à Amma. En fait, le mari était très coléreux et il blâmait toujours sa femme, rejetant la responsabilité de leurs problèmes sur elle. Mais chaque fois qu'il venait se plaindre à

[2] Littéralement « Grande âme ». Dans ce livre, ce terme désigne un être établi dans la connaissance de son unité avec le Soi universel ou Atman.

Amma des défauts de son épouse, elle la défendait fermement. Un jour, l'homme se mit en colère, non pas contre sa femme mais cette fois-ci contre Amma. Elevant la voix, il lui reprocha de ne jamais écouter son point de vue, qu'il se mit à exposer une fois de plus avec véhémence. Amma l'écouta sans aucune réaction. Il finit par demeurer silencieux après avoir bredouillé quelques dernières paroles et s'affaissa près de la chaise d'Amma. Sereine, elle fit ce commentaire : « Voilà, tu es épuisé...au moins, tu ne te mettras plus en colère contre ta femme aujourd'hui. Fils, quand tu sens la colère monter, viens et déverse-la sur moi au lieu de la diriger vers ta femme. Cela n'ennuie pas du tout Amma, mais ta femme prend tes paroles à cœur et en est profondément blessée. Elle pourrait même mettre fin à ses jours. » Honteux d'avoir ainsi explosé de colère et craignant les conséquences possibles, l'homme demanda pardon à Amma, puis à sa femme. Après cet incident, j'ai entendu dire qu'il s'était beaucoup adouci et qu'il se montrait plus patient envers son épouse.

Inspirés par l'exemple d'Amma, de nombreux dévots ont réussi à modifier leur attitude habituelle et leurs schémas de pensée et à mieux accueillir les situations défavorables. Parmi les exemples les plus remarquables, on peut en citer deux qui viennent du Gujarat. La fille d'un des dévots du Gujarat vit maintenant à l'ashram d'Amritapuri. Avant le terrible tremblement de terre qui frappa le Gujarat en 2001, ce dévot habitait Ahmedabad avec sa femme et leurs deux enfants. Sa femme et son fils périrent tragiquement lors de la catastrophe. En un clin d'œil, il avait presque tout perdu. Au lieu d'être submergé de désespoir et de perdre foi en Dieu, il vint à Amritapuri demander conseil à Amma. Pendant les deux jours de voyage en train, loin de partager sa douleur avec les autres passagers, il leur parla d'Amma et de son enseignement, et il réussit même à abonner vingt personnes au magazine spirituel d'Amma. Ils arrivèrent à Amritapuri le soir, alors qu'Amma venait juste de rentrer dans sa chambre après les *bhajans* (chants dévotionnels). Quand on lui annonça leur arrivée, Amma les fit aussitôt appeler dans sa chambre. Et là, elle plaça leurs têtes sur ses genoux. Son visage reflétait le profond chagrin ressenti par l'époux et le père, par la fille et la sœur. Les larmes roulaient sur les joues d'Amma. Au bout d'un moment, le dévot demanda : « Amma, que devons-nous faire maintenant ? »

« Amma a le sentiment que le mieux pour vous deux est de rester à l'ashram pendant quelque temps. L'ashram prendra en charge les études supérieures de ta fille, » dit-elle.

En entendant ces paroles, le visage de l'homme s'éclaira et il s'exclama : « Amma, nous sommes vraiment bénis ! »

Il pleurait certes la perte de sa femme et de son fils, mais il ne s'est pas effondré sous le poids de cette tragédie. Il était également préoccupé par le bien-être de sa fille et il accueillit avec gratitude l'occasion qui lui était donnée de se remettre de son deuil grâce au service désintéressé et aux pratiques spirituelles.

La conversation entre Amma et les résidents des villages que le M.A.Math a adoptés au Gujarat après le tremblement de terre est maintenant célèbre parmi les dévots car elle cite souvent leurs paroles comme un exemple remarquable d'abandon à Dieu et de foi. Quand Amma leur a demandé comment ils allaient après le désastre, ils répondirent : « Nous allons bien. Dieu a donné, Dieu a repris. Mais nous sommes heureux d'avoir Amma avec nous maintenant. »

En 2001, quand le tremblement de terre a dévasté une partie du Gujarat, Amma a réagi de la même manière que lors du tsunami, près de quatre ans plus tard : elle a aussitôt envoyé des médecins, des ambulances, des brahmacharis et des dévots pour porter secours aux victimes. Un an après la catastrophe, l'ashram avait entièrement reconstruit les trois villages, mille deux cents maisons au total, ainsi que des écoles, des salles de réunion, des citernes, des dispensaires et des routes ; ces villages avaient l'électricité et le tout à l'égout, et tout cela dans la région de Bhuj, là où se trouvait l'épicentre du tremblement de terre et où les dégâts avaient été les plus importants.

En apprenant que le village d'Amma avait été frappé par le tsunami, le *sarpanch* (chef) d'un de ces villages et neuf autres villageois du Gujarat ont pris le train et sont venus jusqu'à Amritapuri offrir leur aide.

« Quand les choses allaient mal pour nous, Amma est venue et a construit des villages, dit le *sarpanch*, maintenant que les choses vont mal pour le village d'Amma, notre *dharma* est de venir l'aider. » Telle est l'attitude des habitants du Bhuj.

Un dévot de longue date qui passe la plus grande partie de son temps à Amritapuri était rentré dans son pays pour raisons familiales et il ne se trouvait pas à Amritapuri lors du tsunami. Avec anxiété, il suivit quotidiennement le cours des événements en consultant le site Internet de l'ashram. Mais à son retour en Inde, il nous confia qu'il était peiné de ne pas avoir pu contribuer personnellement à réparer les dommages matériels de l'ashram et à servir les victimes du tsunami. Il se trouve que lors du séjour suivant qu'il fit dans son pays, une guerre dévastatrice éclata. Il aurait dû normalement rentrer lors des premiers jours de la guerre. Mais après avoir aidé la plus grande partie de sa famille à se réfugier dans des pays plus sûrs, il demanda à Amma sa bénédiction : il désirait rester et servir les blessés et les réfugiés. Tout en sillonnant les rues ravagées par la guerre, il trouva le temps de nous envoyer un e-mail : « Ceci est mon tsunami. J'aurais pu fuir comme beaucoup d'autres ces derniers jours, mais gardant le souvenir de l'exemple d'Amma, mon cœur est profondément ému par la douleur et la souffrance de toutes ces familles en détresse. Et chaque fois que je vois quelqu'un en détresse, je me rappelle le sourire d'Amma et je fais tout mon possible pour lui apporter un peu de réconfort et de joie. »

Nous ne pouvons pas nous attendre à ne rencontrer que des gens heureux et des situations paisibles. Cette vérité s'applique en tout lieu et à toute époque mais vaut particulièrement pour la nôtre. Même quand ce qui fait l'objet de notre attention est désagréable ou douloureux, si le sujet, notre mental, est en bon état, nous pouvons éviter d'être submergés par le désespoir, la colère ou la dépression. Et notre réaction sera bénéfique à tous ceux que nous rencontrons. Avec un esprit imprégné des principes de la spiritualité et affermi par les pratiques spirituelles, au lieu de réagir automatiquement et souvent négativement à la situation, nous serons toujours capables de répondre de manière positive. ❖

Chapitre 3

Voilà un être humain : comment profiter au mieux de la vie sur terre

Parmi les humains, seuls les plus sages et les plus stupides ne changent jamais.

— Confucius

Au cours de notre vie, nous sommes confrontés à de nombreuses expériences, nous apprenons différentes choses et accomplissons nombre d'actions. En tant qu'êtres humains, nous avons tous de multiples personnalités : il y a celui qui fait l'expérience, celui qui connaît et celui qui agit. Nous pouvons dire que notre personnalité possède ces trois aspects.

Dès la naissance, nous commençons à percevoir le monde par l'intermédiaire des sens. C'est cette faculté d'expérimenter qui nous permet d'entrer en contact avec ce qui est agréable ou désagréable dans le monde qui nous entoure, et cet aspect de notre personnalité se manifeste dès le premier moment de notre vie.

La faculté de connaître, c'est l'aspect de notre personnalité qui nous permet d'acquérir des connaissances. Nous sommes tous dotés d'instruments de compréhension qui nous permettent d'apprendre du monde.

Le troisième aspect de notre personnalité, c'est la faculté d'agir, c'est l'auteur des actions. Il se manifeste plus tard. Un bébé ne fait pas de plans et n'agit pas de manière délibérée. Il crie, il pleure, il salit ses couches mais il ne s'agit pas là d'actions planifiées, préméditées. Ce sont des actes instinctifs. Les actes intentionnels ne viennent que plus tard.

Un vaste champ d'activités s'ouvre à chacun de ces trois aspects : les possibilités d'expérience, de connaissance et d'action sont infinies. Malheureusement, notre durée de vie est si courte que nous ne pouvons pas faire beaucoup d'expériences, apprendre grand-chose ni accomplir beaucoup d'actions.

Vu le peu de temps dont nous disposons, nous sommes confrontés à un choix. Auquel de ces aspects allons-nous donner priorité ? Si nous suivons notre instinct, nous allons sans nul doute mettre l'accent sur l'expérience, et le connaisseur et l'agissant deviendront les serviteurs de l'expérimentateur.

Même au cours de nos études, alors que nous devrions nous concentrer sur l'acquisition de connaissances, l'importance exagérée que nous accordons aux expériences agréables est déjà manifeste. La plupart d'entre nous, par exemple, donnent la première place aux cours qui nous permettront ensuite de gagner le plus d'argent possible. Cette tendance se maintient pendant toute notre vie.

Un homme entra un jour dans une librairie pour acheter un livre intitulé : « Comment devenir milliardaire en une nuit. » Le vendeur lui remit deux volumes.

« Mais je n'en veux qu'un exemplaire, lui fit remarquer l'homme.

— Je ne vous ai donné qu'un exemplaire de « Comment devenir milliardaire en une nuit. Mais quand quelqu'un achète ce livre, nous offrons toujours un autre livre avec. C'est un tout, dit le vendeur. »

Ces paroles éveillèrent la curiosité du client : « Ah, vraiment ? Quel est donc ce second livre ?

— C'est un exemplaire du code pénal, répondit le commerçant. »

Si nos efforts tendent uniquement à obtenir des expériences agréables sans acquérir de connaissances ni accomplir d'actions justes, nous finirons par nous attirer des ennuis.

J'ai récemment entendu une histoire qui illustre tragiquement l'importance démesurée que l'on accorde de nos jours au plaisir de faire des expériences. Un alpiniste qui redescendait après avoir atteint le sommet du Mont Everest est mort de froid et de manque d'oxygène. Le plus triste, c'est que le Mont Everest n'est pas le lieu désert qu'il était en 1953 quand Sir Edmund Hillary fut le premier à réussir son ascension. Grâce aux nouvelles technologies et à la présence de guides expérimentés, l'Everest est devenu une attraction pour les touristes, même si cette attraction demeure coûteuse et peut s'avérer perfide. Quarante personnes sont passées devant l'homme qui se mourait sur le versant ; n'importe laquelle d'entre elles aurait pu essayer de le sauver en sacrifiant sa chance d'atteindre le sommet et en l'aidant à redescendre. Aucune ne l'a fait. Chacun ne pensait qu'au moment de jubilation qu'il allait vivre en arrivant au sommet. Personne n'a songé à aider un autre être humain qui en avait désespérément besoin.

En fait, quand nous donnons la priorité à l'expérimentateur en nous, nous ne sommes pas très différents des animaux. La personnalité d'un animal n'a qu'un seul aspect, celui de l'expérimentateur. Un âne ou un chimpanzé ne va pas à l'université ni à un satsang parce que l'aspect du connaisseur manque à sa personnalité. Une vache ne peut pas décider de s'échapper de la ferme et d'organiser son évasion, parce que la personnalité de l'agissant est absente. Les actions d'un animal sont toutes gouvernées par l'instinct. L'expérimentateur, c'est ce que nous avons en commun avec les animaux. Même si nous devenons le meilleur expérimentateur du monde, en faisant les expériences les plus variées et les plus plaisantes, il ne s'agit pas d'une grande performance pour un être humain. Cela revient à entrer en compétition avec les animaux.

C'est peut-être pour cela que l'on appelle la compétition pour le succès matériel « la course du rat ». Le problème de « la course du rat », c'est que même si l'on gagne, on reste toujours un rat.

Un *avadhuta* (Saint dont le comportement ne se conforme pas aux normes sociales) du Tamil Nadou vivait complètement nu. S'il voyait quelqu'un passer, il disait tout fort : « Voilà un chien ! » ou « Voilà un âne ! » Il lançait ces remarques selon les *vasanas* (tendances latentes) qui prédominaient chez le passant. Un jour, un mahatma du nom de Ramalinga Swami emprunta cette route. Dès que l'*avadhuta* l'aperçut, il s'exclama : « Voilà un être humain ! » Alors il attrapa un tissu qui se trouvait là et l'enroula autour de sa taille. L'*avadhuta* considérait tous les êtres humains dépourvus de qualités telles que l'amour, la compassion et la bonté comme de simples animaux. Il n'éprouvait pas le besoin de porter des vêtements en leur présence. Mais il considérait Ramalinga Swami, qui avait réalisé son unité avec l'ensemble de la création, comme un véritable être humain. Ce n'est qu'en présence d'un vrai maître tel que lui qu'il avait honte de sa nudité. L'histoire prouva que l'*avadhuta* avait raison. A la fin de sa vie, Ramalinga Swami ne laissa pas de corps ; il se fondit dans une lumière divine éclatante.

Je connais une belle histoire, celle d'un violoniste mondialement connu qui donnait un concert à New york. Comme il a eu la polio dans son enfance, ce musicien porte un appareil orthopédique et marche avec des béquilles. Ce soir-là, comme d'habitude, la salle était silencieuse tandis qu'il traversait la scène d'un pas chancelant pour atteindre sa chaise, défaisait laborieusement les attaches de son appareil et prenait son violon. Puis il fit un signe de tête au chef d'orchestre et la symphonie commença. Cette fois, il y eut un problème. Au milieu du concert, une des cordes du violon se rompit. Chacun des auditeurs se prépara à une longue interruption. Mais le violoniste se contenta de fermer les yeux et fit signe au chef d'orchestre de continuer.

L'orchestre commença et le soliste reprit là où il s'était interrompu. On pourrait penser qu'une œuvre symphonique est laide, jouée avec seulement trois cordes. Mais le maestro réussit à réinventer le morceau et à jouer sans une seule fausse note. Ce n'était pas la même chose, mais c'était beau ; certains ont même trouvé la musique plus belle que l'œuvre originale.

A la fin du concert, il eut droit aux ovations. Toute la salle s'était levée. Quand la foule se fut calmée, le musicien sourit et dit doucement : « Je pense parfois que c'est le devoir de l'artiste de découvrir toute la musique qu'il peut encore faire avec ce qu'il a entre les mains. »

Si ce musicien s'était concentré sur sa propre expérience, il aurait sans nul doute été frustré par ce revers supplémentaire : une corde cassée en plus de ses membres paralysés. Mais il s'est concentré sur ce qu'il avait appris, sur ce qu'il pouvait encore faire et il a créé quelque chose d'encore plus beau que l'œuvre originale, ne fût-ce qu'en raison de la difficulté évidente.

Selon les Écritures du Sanatana Dharma (Sanatana Dharma est le nom d'origine de l'Hindouisme ; cela signifie : « le mode de vie éternel ») pour réussir notre vie en tant qu'être humain, parmi les trois aspects de notre personnalité, il nous faut donner la prééminence au connaissant ou à l'agissant. Ce sont nos connaissances et nos actions qui témoignent de notre bonté et nous apportent le succès, et pas nos expériences.

Une femme vint un jour au darshan en disant : « Amma, ma main me fait constamment souffrir, cela me gâche la vie. »

Amma répondit : « Je comprends, ma fille. Le corps entier d'Amma souffre constamment. »

Pour cette femme, les paroles d'Amma furent une révélation : cette douleur à la main était devenue le centre de sa vie. Amma souffrait bien plus qu'elle, mais il était visible qu'elle ne permettait pas à la douleur de gêner son activité ni d'affecter le moins du monde son humeur.

Si nous examinons la façon de vivre d'Amma, nous constatons qu'elle n'accorde aucune importance aux expériences qu'elle traverse en ce monde. Elle est en revanche parfaitement établie dans la Connaissance suprême et totalement consacrée au service du monde. Dès le plus jeune âge, Amma n'aimait pas rester oisive. Elle accomplissait toutes les corvées ménagères pour sa famille et trouvait encore le temps d'aller dans les maisons du voisinage et d'y aider les gens autant qu'elle le pouvait. Elle priait Dieu : « Je T'en prie, donne-moi de plus en plus de travail, Ton travail. Fais que je ne manque jamais de travail à faire en Ton nom. »

Aujourd'hui encore, Amma vit selon la même philosophie. Quand il semble que le darshan va finir tôt, Amma fait tout ce qu'elle peut pour le prolonger, elle consacre plus de temps à chacun, il lui arrive même de chanter des *bhajans* tout en donnant le darshan et de garder la même personne dans ses bras pendant tout un chant. Les membres de l'équipe qui l'accompagne pendant les tours à l'étranger, en voyant combien elle travaille dur, sans manger ni se reposer, ne veulent pas ajouter à son fardeau en allant au darshan. Mais à la fin du tour, Amma appelle toute l'équipe (environ 150 personnes) pour le darshan.

En ce qui me concerne, si je vois que la foule qui attend pour recevoir le darshan est importante, ma première pensée sera peut-être : « Oh, le programme finira très tard ce soir. Je ne pourrai pas dormir beaucoup avant le programme du matin. » Bien sûr, si la foule est vraiment énorme, j'oublie de penser à moi-même et je m'inquiète pour Amma, mais Amma ne s'inquiète pas. Pendant le tour du Nord de l'Inde 2006, en certains lieux, les foules étaient tout simplement gigantesques, approchant les cent mille personnes. A la vue d'une telle foule, sachant qu'Amma allait étreindre chaque individu qui aurait la patience d'attendre, on ne pouvait qu'éprouver de la peur. A sa place, nous nous serions enfuis de la scène avec la première voiture prête à nous emmener. Si Amma avait accordé la moindre importance à l'expérimentateur, elle aurait certainement eu une réaction similaire, mais elle n'a exprimé que de la joie en voyant ses enfants si nombreux.

Quand Amma décide des dates des tours, elle ne prévoit jamais de temps de repos. Après le tour des Etats-Unis, qui dure deux mois et qui est très fatigant, les swamis prient toujours Amma de prendre un ou deux jours de repos quelque part avant de retourner à l'ashram en Inde. Mais elle veut toujours repartir dès le lendemain du dernier programme, en disant que ses enfants en Inde l'attendent. Ce qui montre encore qu'elle n'accorde aucune importance à son propre confort.

Certes, Amma ne dit pas qu'il faut renoncer à tout plaisir, simplement, il doit toujours être conforme au dharma. Ce que nous désirons pour nous-mêmes ne doit pas nuire aux autres. Nous avons la liberté de nous enrichir et de satisfaire nos désirs, mais seulement par des moyens honnêtes. Dans la Taittiriya Upanishad (I.11.1), il est dit : « Ne négligez jamais votre bien-être, ne dédaignez pas votre prospérité. » Les Védas[1] contiennent de nombreux rituels qui, à condition d'être accomplis correctement, nous permettent de réaliser nos désirs. En fait, les Ecritures nous encouragent à être prospères, non pas pour devenir des gens importants, mais pour avoir la liberté de partager notre richesse avec les pauvres, les indigents.

---

[1] Les Védas sont divisés en deux parties, le *Karma Kanda* (la partie qui concerne les rituels) et le *Jnana Kanda* (la partie qui concerne la Connaissance). Le *Karma Kanda* contient des rituels qui permettent d'obtenir la satisfaction des désirs tout en éveillant l'intérêt du dévot pour la spiritualité. Le *Jnana Kanda* se préoccupe exclusivement de la connaissance de Brahman, la Vérité suprême.

Contraindre l'expérimentateur en nous à respecter le *dharma* implique forcément des sacrifices et de la discipline. Notre esprit s'en trouvera grandement purifié et en échange, cela nous permettra de garder notre calme et notre tranquillité face à toutes les expériences, agréables ou non.

Pendant la guerre civile qui a déchiré les Etats-Unis, quelques prédicateurs nordistes vinrent encourager Abraham Lincoln dans sa lutte contre l'esclavage. « Monsieur le président, ne croyez-vous pas que Dieu est de notre côté ? » lui demandèrent-ils.

Ce à quoi Lincoln répondit : « Je ne me soucie pas de savoir si Dieu est de notre côté. Ce qui m'intéresse, c'est de savoir si je suis du côté de Dieu. »

Etre du côté de Dieu signifie : agir en accord avec le dharma. Comme Amma est établie dans la connaissance de son unité avec Brahman, elle se conforme toujours strictement au dharma, même dans les circonstances les plus difficiles. Lors du tsunami qui a ravagé l'Asie en 2004, l'ashram a subi de gros dommages. Mais le premier souci d'Amma ne fut pas du tout pour l'ashram. Sans Amma, les résidents auraient peut-être été affligés par les pertes matérielles et les dommages. Face à l'ampleur des dégâts, ils auraient peut-être eu une réaction au lieu de répondre à la situation. Mais Amma y a tout de suite répondu de manière spontanée et parfaite. Bien qu'elle n'ait jamais reçu de formation sur la façon de gérer une situation de crise, de faire face aux catastrophes, Amma a démontré qu'elle était experte en la matière. Dès que les eaux firent irruption dans l'ashram, sa priorité fut d'amener les villageois en lieu sûr, sur le continent.[2] Puis elle s'est occupée ensuite des dévots, puis des résidents de l'ashram, des animaux qui résidaient à l'ashram et enfin d'elle-même. Loin d'aller se mettre à l'abri,

---

[2] L'ashram est situé sur une étroite péninsule entre la lagune qui commence à Kayamkulam et la Mer d'Oman.

Elle fut la dernière à quitter la zone dévastée, s'assurant que tout le monde avait d'abord été transporté sain et sauf de l'autre côté de la lagune.

Quand nous avons un accident, nous accordons le maximum d'attention à la partie de notre corps qui a été la plus grièvement blessée. Ainsi, Amma perçoit en tous les êtres son propre Soi, et elle s'est préoccupée du bien-être de ceux qui avaient subi les plus grandes pertes. Et les larmes qu'Amma a versées en abondance les jours suivants n'avaient rien à voir avec les pertes subies par l'ashram. Elle partageait la douleur et la souffrance des villageois victimes de la tragédie. Les Écritures disent : « Quand vous aidez les autres, en vérité, c'est vous-mêmes que vous aidez. » Quand le connaisseur en nous sera pleinement développé, nous serons capables de percevoir clairement cette Vérité : c'est le même Soi qui est présent en tous les êtres de la création. Chacune de nos actions sera alors consacrée au bien du monde.

Il est peut-être difficile, au départ, de voir en chacun son propre Soi. Mais si nous considérons toute personne comme un enfant d'Amma, comme un enfant de Dieu, alors il nous sera facile de voir en tous les êtres humains nos frères et sœurs, formant une seule famille universelle. Amma dit : « Ce qui est parfois synonyme de fatigue pour la nourrice est toujours une joie pour la mère. » Si nous réussissons à adopter cette attitude et à considérer chacun comme un membre de notre famille, chacune de nos actions portera en elle sa récompense et nous apporterons la lumière dans la vie de tous ceux que nous rencontrerons. Les autres ne seront pas les seuls à en bénéficier. Amma dit : « Quand nous offrons des fleurs, nous sommes les premiers à savourer leur parfum. » Ainsi, en sacrifiant nos préférences pour donner du bonheur aux autres, nous éprouvons un bonheur et une paix bien plus profonds qu'en satisfaisant nos désirs égoïstes. Il ne s'agit pas là d'une simple banalité mais d'un principe fondamental de la science spirituelle appliquée. De tels actes purifient le mental, ce qui lui permet ensuite de mieux refléter la béatitude immanente du Soi. ❖

Chapitre 4

Se concentrer sur le Soi

Yasya brahamani ramate cittam
Nandati nandati nandatyeva

Celui dont l'esprit est fixé sur Brahman (la Conscience suprême) :
Cet être connaît la béatitude, il connaît la béatitude,
Il n'est que béatitude.

Bhaja Govindam, vers 19

On raconte l'histoire d'un *mahatma* à qui un dévot avait fait don d'une émeraude extrêmement précieuse. Le bruit se répandit rapidement que le *mahatma* avait obtenu ce joyau si convoité et très vite, un villageois vint le trouver pour lui demander de l'aider à résoudre ses problèmes financiers. A sa grande surprise, le sage, sans la moindre hésitation, lui remit aussitôt la pierre précieuse. L'homme s'en retourna chez lui en exultant. Mais voilà que le lendemain même, il revint l'air hagard et la mine fatiguée. Après s'être prosterné devant le *mahatma*, le villageois lui rendit l'émeraude. « Où est le problème ? » lui demanda le sage.

« Je n'ai pas fermé l'œil de la nuit » expliqua son visiteur. « J'ai commencé à réfléchir. Si le *mahatma* est prêt à me céder ce joyau inestimable en un clin d'œil, c'est qu'il doit posséder quelque chose d'une valeur encore plus grande. O révéré Sage, je t'en prie, donne-moi ce trésor qui t'a permis de me donner si facilement ce bijou. »

« Es-tu vraiment intéressé ? Es-tu prêt à payer n'importe quel prix pour obtenir ce trésor ? » lui demanda le sage. L'homme acquiesça. Alors le *mahatma* l'accepta comme disciple et commença à lui enseigner les vérités spirituelles.

Si nous sommes vraiment intéressés par la richesse infinie de la connaissance spirituelle, Amma est prête à nous la donner. Malheureusement, pour la plupart, nous ne nous consacrons pas à la recherche de ce trésor caché. Nous courons après les babioles des plaisirs immédiats que nous offre le monde. Amma emploie l'image d'un enfant à qui on donnerait le choix entre un bol rempli de chocolats et un autre rempli de pièces d'or. L'enfant choisira toujours les chocolats, sans savoir qu'avec les pièces d'or, il pourrait acheter quantité de chocolats et bien d'autres choses encore.

Un proverbe tiré des Ecritures de l'Inde dit : « Celui qui abandonne l'Eternel pour courir après le transitoire perd l'Eternel ; il ne pourra pas non plus garder le transitoire. » Si nous passons tout notre temps à rechercher la célébrité, la gloire et la fortune, nous perdons l'occasion de réaliser notre véritable Soi. A la fin, tout ce que nous avons accumulé en ce monde, tous nos biens, nos proches, tout cela disparaîtra. Nous n'avons pas le choix en la matière. Notre seul choix, c'est de savoir si nous voulons, oui ou non, utiliser pleinement notre vie pour réaliser le Soi.

Un journaliste demanda récemment à Amma : « Vous avez fait un tel chemin ! Vous étiez une petite fille inconnue dans un village perdu et vous êtes devenue l'une des guides spirituels les plus applaudis du monde, vous présidez des œuvres caritatives reconnues. Quand vous regardez en arrière, quel effet cela vous fait-il ? »

Amma a répondu : « Je ne regarde jamais en arrière ; je regarde toujours le Soi ». Cela ne signifie pas qu'Amma se regarde constamment dans le miroir, mais qu'elle n'a ni regret au sujet du passé ni souci concernant l'avenir, parce qu'elle est toujours concentrée sur la Conscience suprême, (le Soi ou l'*atman*). C'est notre Etre réel.

Quand nous nous concentrons sur le monde extérieur, nous sommes affectés par tous les changements qui s'y déroulent. Tout y est soumis au changement et à la destruction. Quand nous perdons un être cher ou un objet, nous éprouvons de la colère, du chagrin, de la frustration et d'autres émotions négatives. Notre Soi réel, par contre, est immuable. Il est omniprésent, tout-puissant et omniscient. Quand notre mental est fixé sur le Soi suprême, nous sommes parfaitement satisfaits et nous ne pouvons qu'éprouver de la béatitude.

Quelles que soient les circonstances extérieures, Amma est toujours sereine et rien ne l'affecte. Pour la plupart, nous sommes d'une humeur agréable tant que les choses vont dans notre sens, mais dès que nous rencontrons un obstacle, nous perdons notre paix intérieure. Pour prendre un exemple simple, imaginons notre état si, en arrivant à l'aéroport, nous découvrons que notre vol a été retardé. Même si nous n'avons rien d'urgent dans notre agenda, nous voilà terriblement agités, nous ne pouvons même plus regarder calmement CNN. Nous allons au guichet toutes les cinq ou dix minutes, et entre temps nous faisons les cent pas, appelons notre famille et exprimons notre sympathie aux autres passagers.

On m'a raconté l'anecdote suivante : un vol avait été retardé plusieurs fois et les passagers qui s'apprêtaient à embarquer étaient fatigués et de mauvaise humeur. L'équipe de la compagnie aérienne s'efforça de garder le sourire, mais au moment de monter dans l'avion, un des employés exprima clairement ses sentiments : « Les passagers du vol 128 peuvent maintenant embarquer. Nous allons faire passer en priorité les enfants qui voyagent seuls, les parents avec des enfants en bas-âge et les adultes qui se comportent comme des enfants. »

Face à la même situation, la réaction d'Amma est très dif-férente. Pendant le tour des Etats-Unis en 2006, il est arrivé plusieurs fois que les vols d'Amma aient du retard. Au lieu de se plaindre et de lever les bras au ciel, Amma est restée très calme et tranquille. Elle a employé ce temps à répéter de nouveaux *bhajans*, à s'enquérir de l'état de santé des dévots qui voyageaient avec elle, à transmettre des connaissances spirituelles à ses disciples et à raconter des anecdotes amusantes qui s'étaient produites pendant le darshan. Amma ne s'est absolument pas laissée troubler par les circonstances extérieures, par le retard du vol et les dévots qui voyageaient avec elle étaient très heureux. L'avion eut un jour deux heures de retard. Comme certains dévots avaient retenu des vols qui partaient plus tôt et qu'il leur était difficile de s'arracher à la présence d'Amma, ils étaient tristes. Une femme se mit même à prier avec ferveur pour que son vol aussi soit différé. En regardant le tableau d'affichage, elle vit que son vol était retardé. Elle sauta de joie, puis courut annoncer la bonne nouvelle à Amma et la remercier de sa bénédiction.

Si Amma n'avait pas été là, ces mêmes personnes auraient été aussi agitées et mécontentes que n'importe quel autre passager dont le vol est différé. Elles auraient même demandé des com-pensations à la compagnie aérienne. Mais comme elles étaient en compagnie d'Amma, ce fut pour elles un moment de béatitude.

Il y eut bien sûr des exemples plus extrêmes où Amma et son groupe durent affronter de sérieuses difficultés. Mais quelle que soit la gravité de la situation, jamais Amma n'est envahie par l'angoisse ou la peur. Il y a seize ans, en août 1990, quand Amma s'est rendue à Moscou, elle a donné le programme du premier soir comme prévu, dans une grande salle plutôt austère. La bou-tique d'Amma fut installée comme d'habitude, mais quand elle vit l'extrême pauvreté des gens qui étaient venus la voir, Amma ordonna que tout leur soit distribué gratuitement.

Au cours du *darshan* du lendemain matin, nous avons décou-vert que des chars blindés parcouraient les rues. Une fois rentrés dans la maison du dévot qui hébergeait Amma, nous avons appris qu'il y avait eu un coup d'état, que Gorbatchev était aux arrêts chez lui et que l'aéroport et les routes principales étaient fermés. Le gouvernement avait fait déployer des tanks à tous les carrefours et ils formaient un immense cercle autour du Kremlin, prêts à tirer sur tout adversaire qui chercherait à s'approcher.

Au début, certains d'entre nous étaient très inquiets et les dévots russes qui habitaient la maison sont venus voir Amma en pleurant, car ils craignaient une guerre civile. Mais Amma est restée calme. Elle a dit aux dévots et à ceux qui l'accompagnaient de ne pas s'inquiéter, et que tout irait bien. La véracité de ses paroles fut prouvée peu de temps après. L'aéroport fut rouvert dès le lendemain et très peu de gens furent blessés dans ce coup d'état, qui précipita la chute relativement paisible du communisme. Un des dévots russes dit plus tard à ce propos : « La venue d'Amma a symbolisé l'ouverture et la guérison de la Russie. Sa présence en Russie a permis aux gens de purifier leur cœur, d'avoir foi en eux-mêmes et de se dresser pour défendre la vérité. »

Ce soir-là, les dévots informèrent Amma qu'il serait impos-sible d'assurer le déroulement du programme prévu. Toutes les maisons du voisinage étaient barricadées, portes et volets fermés, car les habitants s'y cachaient, craignant pour leur vie. Amma demanda cependant à ses hôtes de laisser les portes ouvertes pour que tous ceux qui désiraient la voir puissent venir. Le lendemain, le programme se tint dans l'arrière-cour de la maison, de manière tout à fait officieuse. Ce jour-là, de nombreux russes vinrent voir Amma, pour chercher un réconfort, recevoir des conseils, et être initiés à un mantra. Les blindés défilaient dans les rues, mais en présence d'Amma, les périls du moment étaient largement oubliés.

Parce qu'Amma n'était pas en proie à la peur ou au désarroi, elle fut une source de paix et de sagesse, un refuge pour les dévots russes à une heure qui aurait pu être une des plus sombres de leur vie. En plein tumulte, Amma était calme et contente, établie dans la paix du Soi immuable.

Il est plus facile de comprendre ce que signifie « se concentrer sur le Soi » en prenant la métaphore d'une salle de cinéma. Quand nous regardons un film, nous ressentons, selon les événements qui s'y déroulent, de la joie, de la tristesse, ou bien nous sommes remplis d'énergie ou d'enthousiasme. Mais en réalité nous ne faisons rien. L'action se déroule uniquement sur l'écran. Les changements du mental ne sont pas induits par l'action elle-même, mais par notre identification aux actions des personnages du film. Ainsi, aucun des événements qui se produisent dans le monde n'affecte notre Soi réel. Il se contente d'être le témoin de ce qui se passe. En réalité, nous n'agissons pas. Notre véritable Soi est comparable à l'écran, plutôt qu'aux personnages du film. Cependant, comme nous sommes identifiés au corps, au mental et à l'intellect, nous jubilons en cas de succès et déprimons face à l'échec.

Pour éviter d'être influencé par le film, il faut constamment s'identifier à l'écran ou du moins fixer son attention sur lui. Ainsi, en apprenant à nous identifier à l'*atman* plutôt qu'au corps, à l'esprit et à l'intellect, nous saurons surmonter les hauts et les bas de la vie. Ce changement de focalisation de l'attention, passant de l'apparent au Réel, de l'éphémère à l'Eternel, est le secret de la paix intérieure. C'est là que se situe la différence entre les maîtres spirituels et nous-mêmes. Où que se porte le regard d'un maître, il ne voit que la Conscience suprême, son vrai Soi, indivisible, parfait et complet.

Bien sûr, personne ne soutiendra qu'il est aisé de se concentrer sur l'*atman*, qui est au-delà de tout attribut (*nirguna*). Les enfants d'Amma trouvent souvent plus facile de se concentrer sur Amma, sur le souvenir précieux des moments où ils ont eu un contact personnel avec elle. Comme elle est complètement identifiée à l'*atman*, se centrer sur Amma équivaut à se centrer sur le Soi, sur Dieu. Ce pont vers la conscience divine est l'un des dons les plus précieux d'Amma à ses enfants.

Mais se centrer sur l'*atman* ne signifie pas rester simplement assis dans un coin, les yeux fermés. Après le tsunami, Amma a même interdit aux brahmacharis de s'asseoir pour méditer alors qu'ils pouvaient travailler à déblayer les ruines des maisons ou aider à construire de nouveaux logements pour les victimes du tsunami. « La vraie méditation consiste à voir Dieu, c'est-à-dire notre vrai Soi, dans toute la création. » dit Amma. ❖

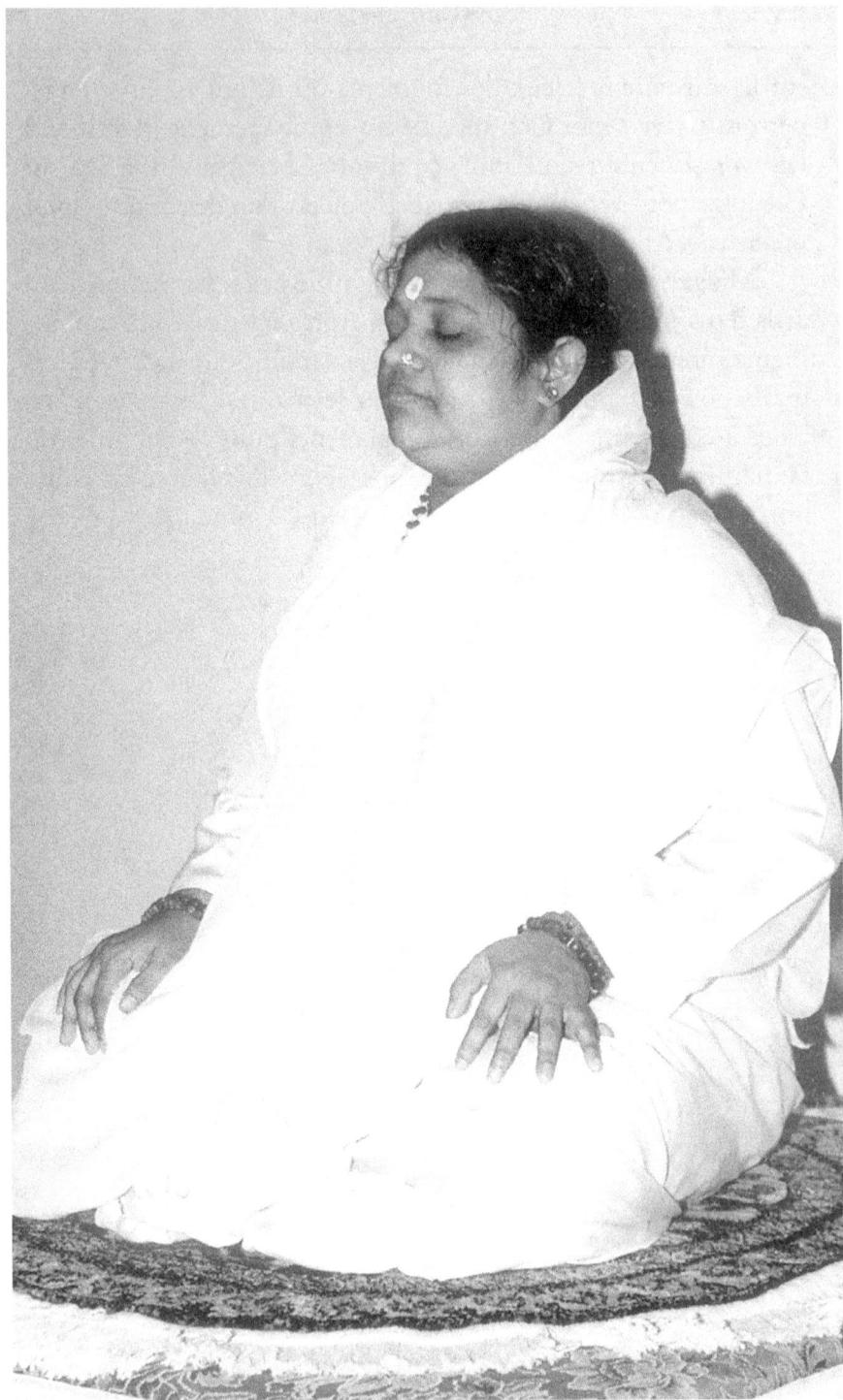

Chapitre 5

Être, Conscience, Béatitude

« Dès l'instant où vous réalisez Dieu, vous êtes établis dans la béatitude éternelle. »

— Amma

Un journaliste interviewait un homme qui fêtait son centième anniversaire. Après lui avoir posé quelques questions sur les secrets de sa longévité, le journaliste prit la main du vieillard et déclara solennellement : « Eh bien monsieur, j'espère bien avoir la chance de vous souhaiter un bon anniversaire l'année prochaine. »

Le centenaire répliqua : « Et pourquoi pas ? Vous avez l'air robuste comme un cheval ! » En dépit de son âge avancé, il refusait d'envisager l'éventualité de son décès.

Quelle que soit la culture à laquelle ils appartiennent, quel que soit leur sexe, leur statut social et en dépit de toutes les autres différences superficielles, les êtres humains recherchent tous essentiellement trois choses. Tout d'abord, nous désirons vivre aussi longtemps que possible. Certains recherchent même des moyens de tromper la mort. Les pharaons d'Egypte s'assuraient avec grand soin que leur corps serait parfaitement préservé et qu'ils auraient de la nourriture en abondance et même des serviteurs vivants pour les accompagner après la mort. Il y a des personnes aujourd'hui qui, quand elles sont confrontées à la possibilité d'une mort imminente, songent à se faire congeler en utilisant la cryogénie dans l'espoir qu'on les décongèlera quand les chercheurs auront découvert le remède à leur maladie et la technologie nécessaire pour réanimer leur corps.

En outre, nous désirons tous augmenter nos connaissances, c'est-à-dire que nous voulons connaître plus de gens, de choses et de lieux. Bien sûr, tout le monde ne veut pas faire une thèse de doctorat, mais même ceux que les études supérieures n'intéressent pas trouvent des moyens d'augmenter leur connaissance du monde, en voyageant, en regardant la télévision, en utilisant Google ou en bavardant avec les voisins.

Par dessus tout, nous recherchons le bonheur. Nous voulons être heureux tout le temps. Ce désir sous-jacent est le moteur de toutes nos actions, de la plus ordinaire à la plus ambitieuse. La perspective d'une mort précoce ne devient supportable ou même attirante que lorsque nous sommes convaincus que le bonheur est hors de notre portée.

A partir de ces trois buts fondamentaux, la longévité, la connaissance et le bonheur, nous nourrissons de nombreux espoirs, non seulement pour nous, mais aussi pour ceux que nous aimons. Quand les choses ne vont pas comme nous le souhaitons, immanquablement, nous avons du chagrin. Avec le temps, nous apprenons qu'il nous est impossible de contrôler les gens, les lieux, et les choses ou d'imposer aux situations une issue conforme à nos désirs et à nos attentes.

Nous sommes tous au courant des nombreuses tragédies qui se sont déroulées ces dernières années. Amma a souvent déclaré : « Ne vous inquiétez pas, la vie est comme un tsunami. » Cette déclaration pourrait être interprétée comme du cynisme ou du pessimisme, mais elle est simplement réaliste. Ce qu'Amma veut dire, c'est qu'il est inutile de nous inquiéter en songeant que nous risquons de perdre tout ce qui nous est cher, parce qu'en réalité, c'est inévitable. Au lieu de redouter cette réalité incontournable, si nous l'acceptons comme étant le cours naturel des choses, nous nous épargnerons beaucoup de souffrances inutiles.

En fait, le monde est un flux constant. Rien ne demeure identique un seul instant. Les saisons rythment l'année, le corps humain connaît l'enfance, la jeunesse, l'âge adulte et la vieillesse. Si une route n'est pas entretenue régulièrement, elle se fissure et est envahie par les mauvaises herbes. Avec le temps, même les montagnes sont réduites en poussière.

Dans le chant *ananda vithi* (la Voie de la Béatitude), Amma décrit son expérience personnelle de la Réalisation et elle proclame : « Combien de vérités nues existent pour mettre fin à la souffrance de l'humanité ! »

La réalité irréfutable est évidente partout autour de nous : tout change et disparaît. Mais la plupart d'entre nous font la sourde oreille, refusant d'entendre les avertissements.

Nous avons beau connaître le proverbe : « On n'emporte rien avec soi ! » nous accumulons le plus d'argent possible, jusqu'au dernier moment.

Amma raconte l'histoire suivante :

Dans un hospice où se trouvaient de nombreux patients dont la maladie en était au stade terminal, une infirmière, ayant le sentiment que plusieurs d'entre eux allaient bientôt mourir, décida un jour de leur proposer une prière en groupe. Elle leur demanda de joindre les mains et de prier : « Seigneur, pardonne-moi mes péchés, accepte mon âme et prends-moi dans Tes bras… »

L'un des malades ne joignit pas les mains pour la prière et préféra garder le poing fermé. Avant la fin de la prière, il s'affaissa et rendit son dernier souffle. A sa mort, le poing qu'il tenait étroitement fermé s'ouvrit et laissa voir trois pièces. Cet homme, un ancien mendiant, n'avait pas participé à la prière de crainte de perdre ses pièces en ouvrant le poing.

Certes, il n'y a rien de mal à gagner de l'argent et à économiser pour l'avenir, mais dans le monde actuel, nous voyons des gens qui ont assez d'économies pour assurer leur propre futur et celui de plusieurs générations. Amma dit que s'ils avaient assez de cœur pour partager avec les malheureux, la faim et la pauvreté disparaîtraient de la surface de la terre.

Mais si nous comprenons la nature éphémère de tous les objets du monde extérieur, cela nous incitera finalement à chercher à l'intérieur. Lorsque nous comprenons que nos aspirations primordiales à une vie éternelle, à la connaissance infinie et à un bonheur constant ne sont pas satisfaites par le monde extérieur, nous commençons à changer de point de vue et à chercher à l'intérieur. Les Ecritures du Sanatana Dharma désignent notre Soi réel par les mots « *sat-chit-ananda* », Etre-Conscience-Béatitude. C'est donc en vérité l'*atman* que recherchent tous les êtres, mais leur quête peut être directe ou indirecte, c'est la seule différence.

Cette description de notre Soi n'est pas arbitraire, il ne s'agit pas non plus de foi aveugle. Les sages de l'Inde antique ont cherché à l'intérieur d'eux-mêmes et ils ont réalisé leur être véritable. Ils parlaient à partir de leur expérience directe. Il est possible de vérifier leurs descriptions malgré notre état de conscience limité. Examinons chacune des qualités que l'on attribue au Soi.

Tout d'abord, nous savons que nous sommes ici maintenant, que nous existons. Certains nient peut-être l'existence de Dieu, mais personne ne nie sa propre existence. Tout ce qui existe vient de quelque chose : la table est aujourd'hui une table, mais auparavant, elle existait sous la forme d'un arbre, qui lui-même a surgi d'une graine. La graine est venue d'un autre arbre. Si nous remontons ainsi la chaîne, il nous faut finalement admettre que l'existence est fondamentale ; seuls le nom et la forme changent. Nous pouvons donc conclure que *sat* (l'existence) est un aspect indéniable de notre Etre réel.

Le second aspect est *chit*, (la conscience ou la connaissance). C'est grâce à cette conscience que nous sommes conscients de notre existence et de l'ensemble de la création. Comment savons-nous que nous sommes conscience ? Quand nous plongeons dans un sommeil profond, pour tout ce qui est extérieur, notre conscience s'évanouit ; nous sommes morts au monde. Nous ne sommes pas conscients d'avoir un corps, nous n'avons ni mémoire ni désirs, et il semble que nous n'ayons aucune expérience. Mais au réveil nous disons : « Oh, j'ai bien dormi ». Comment le savons-nous ? C'est parce que quand notre corps, notre esprit et notre intellect dorment, notre conscience demeure. En fait, la conscience est le seul élément stable dans les trois états que sont l'éveil, le rêve et le sommeil profond. Dans l'éveil et dans le rêve, la conscience perçoit les objets, les noms et les formes, tandis que dans le sommeil profond, elle perçoit leur absence.

Le troisième aspect de notre Soi est décrit comme *ananda*, béatitude. Si on leur en donne la possibilité, la plupart des gens aimeraient dormir le plus possible. C'est dû au fait que pendant le sommeil profond, l'esprit ne fonctionne pas et que nous ressentons de la béatitude. Cette expérience indique que quand rien ne recouvre notre vraie nature, ni pensées, ni sentiments, ni désirs, ni peurs, elle apparaît sous forme de joie et de béatitude. Tout comme la surface d'un lac reflète clairement la lune, de la même manière, quand notre mental est calme et tranquille, quand nos pensées et nos désirs s'évanouissent, nous éprouvons naturellement de la béatitude.

La Brhadaranyaka Upanishad contient le verset suivant :

na vā are patyuḥ kāmāya patiḥ priyo bhavati
ātmanastu kāmāya pati priyo bhavati

L'épouse n'aime pas l'époux pour lui-même mais pour elle-même (et vice versa)

Ce constat peut paraître sévère, mais si nous l'examinons de près, sa véracité saute aux yeux. Tout le monde prétend aimer sa famille d'un amour éternel, mais que se passe-t-il si l'un des membres de la famille nous trahit ? Le mari divorce de sa femme, la sœur s'éloigne du frère et la mère renie son fils. Si nous aimions réellement les nôtres, nous continuerions à les aimer même s'ils nous traitent mal et ne nous apportent plus aucun bonheur.

Quand un jeune homme ou une jeune femme décide de vivre à l'ashram, il arrive parfois que ses parents aient fondé de grands espoirs sur lui ou elle et soient naturellement très contrariés. Ils pensaient que leur enfant s'occuperait d'eux quand ils seraient vieux et espéraient avoir des petits-enfants. Il y a quelques années, les parents d'un jeune homme sont venus à l'ashram en l'absence d'Amma et ils ont fait une scène. A la fin, ils ont déclaré solennellement qu'ils entamaient une grève de la faim ; tant que leur fils ne rentrerait pas à la maison pour épouser la fille qu'ils lui avaient choisie, ils refuseraient de manger. Cela mit le jeune homme devant un sérieux dilemme : il était très préoccupé du bien-être de ses parents mais il lui semblait qu'une vie consacrée au service et aux pratiques spirituelles était sa véritable vocation. Il trouva un compromis : sans rien dire à ses parents, il se mit à jeûner lui aussi. Tant qu'ils ne mangeraient pas, lui non plus ne prendrait aucune nourriture, se dit-il. Mais au bout de deux jours, quand il fut manifeste que le jeune homme n'était pas prêt à changer d'avis, ses parents prirent un copieux petit déjeuner avant de monter dans le train pour rentrer chez eux. Le garçon rendit ensuite visite à ses parents, et fit de son mieux pour les consoler et leur expliquer son point de vue avant de revenir à l'ashram.

Si une personne ou un objet ne nous apporte aucun bonheur, nous n'éprouvons aucun intérêt pour eux et encore moins de l'amour. Ceci montre bien que nous aimons uniquement ce qui nous donne du bonheur.

Un homme vint un jour se plaindre au bureau de la Salubrité publique. « J'ai six frères, et nous n'avons qu'une seule pièce. Ils ont trop d'animaux de compagnie. L'un d'eux a sept singes, un autre sept chiens. C'est terrible. Il n'y a pas d'air dans la pièce. Il faut que vous fassiez quelque chose. »

« Est-ce que vous avez des fenêtres ? demanda le fonctionnaire.

– Oui, dit l'homme.

– Alors pourquoi est-ce que vous ne les ouvrez pas ? suggéra le fonctionnaire.

– Quoi ? s'écria l'homme comme s'il s'agissait de la suggestion la plus absurde qu'il ait jamais entendue. Et alors je perdrais tous mes pigeons ? »

Comme l'homme de cette histoire, la plupart d'entre nous sommes prêts à fermer les yeux sur nos propres erreurs. Nous éprouvons pour nous-mêmes un amour inconditionnel, total. Il s'ensuit donc que notre Soi doit être une source de bonheur inconditionnel et absolu.

Même ceux qui d'une certaine manière se détestent et ont des idées de suicide ne se haïssent pas vraiment. La situation dans laquelle ils se trouvent ou bien leur état intérieur leur déplaît. Si leur problème se trouvait soudain résolu ou si leur mental devenait paisible, ils souhaiteraient vivre. Les Ecritures nous disent qu'en réalité, le Soi n'est pas seulement *une* source mais *la* source de tout bonheur. Si nous avons le sentiment qu'un objet extérieur nous apporte du bonheur, c'est simplement parce que nous avons satisfait un désir et que le mental est alors relativement tranquille. Les eaux calmes reflètent clairement l'image de la lune ; ainsi, plus notre mental est paisible, plus il reflète clairement la béatitude intrinsèque du Soi.

Nous recherchons généralement ce qui nous rend heureux à court terme. Mais comme dit le proverbe : « Les profits à court terme impliquent des pertes à long terme. » Dans le passé, nous avons cherché à enrichir notre vie à l'aide de bien des objets de valeur, mais aucun d'entre eux ne nous a apporté un bonheur ni une paix durables. Si tel était le cas, notre quête serait terminée ; vous ne seriez pas en train de lire ce livre.

Pendant des années, nous avons recherché le bonheur dans le monde extérieur, au travers des relations humaines, des succès, des biens, des lieux d'habitation ou de vacances. Une seule expérience devrait nous suffire pour analyser correctement la situation. Si nous sommes en train de cuire du riz et que nous voulons savoir s'il est prêt, il suffit de prendre un seul grain. Il est inutile de goûter chaque grain de riz de la casserole.

On raconte que deux soldats furent faits prisonniers pendant une guerre. L'un d'entre eux accepta la captivité et choisit de passer sa vie à servir l'ennemi en tant qu'esclave. L'autre, pendant qu'il travaillait comme prisonnier, étudia sérieusement les lieux pour trouver un moyen de s'échapper.

Comme les prisonniers de l'histoire, nous avons le choix. La plupart des gens ressemblent au premier de ces hommes, ils cherchent à obtenir quelques moments éphémères de bonheur dans le monde extérieur et restent esclaves de l'attraction et de la répulsion, du désir et de la peur. Efforçons-nous au contraire d'être comme le second et de concentrer toute notre attention sur l'effort qui consiste à nous libérer de nos attachements et de nos aversions pour les personnes et les objets de ce monde. Une fois que nous avons consciemment décidé de diriger notre attention vers l'intérieur, nous découvrons que nos trois buts, la vie éternelle, la connaissance infinie et le bonheur constant, demeurent en réalité depuis toujours à l'intérieur de nous, sous la forme de notre Soi réel. ❖

Chapitre 6

« *Changez le mental, s'il vous plaît !* »

Si les portes de la perception étaient nettoyées, tout apparaîtrait à l'être humain tel que cela est réellement : infini.

— William Blake

Une lettre d'un dévot m'est parvenue récemment, contenant l'anecdote suivante. C'est écrit sous forme de plaisanterie mais en réalité, c'est très instructif.

Tout a commencé d'une manière très innocente. J'ai commencé à penser de temps en temps, pendant des surprises parties, juste pour me détendre. Mais inévitablement, une pensée en a amené une autre, et très vite je suis devenu plus qu'un simple penseur de salon. Je me suis mis à penser même quand j'étais tout seul. Cela a pris de plus en plus d'importance et j'ai fini par penser tout le temps. Je ne pouvais plus me contrôler, je me suis mis à penser au travail. Très vite, j'ai eu la réputation d'être quelqu'un qui pensait beaucoup. Un jour, le patron m'a fait appeler et il m'a dit : « Je vous aime bien et ça me fait vraiment mal de vous dire une chose pareille, mais si vous n'arrêtez pas de penser au travail, on va être obligé de se passer de vous. » Cela m'a donné beaucoup à réfléchir.

Puis j'ai fait faire des examens de santé et mon médecin m'a dit que le fait de penser autant faisait monter la tension et que si je continuais ainsi, je risquais de ne pas vivre très longtemps. Mais aujourd'hui, je suis en voie de guérison. La vie est tellement plus paisible maintenant que j'ai arrêté de penser !

Représentez-vous un singe (et les singes sont déjà assez malicieux quand ils n'ont pas bu d'alcool) qui aurait trouvé le moyen de s'enivrer complètement. Puis imaginez que ce singe, au cours de ses cabrioles, est piqué par un scorpion et se met tout-à-coup à sauter en hurlant de douleur. Ce singe, ivre et piqué par un scorpion, passe alors sous un cocotier et juste à ce moment-là, une grosse noix de coco verte lui tombe sur la tête. Et pour finir, le pauvre primate titubant est possédé par un fantôme. Amma dit que ce scénario présente une bonne analogie avec l'état présent de notre mental, notre conscience limitée étant plongée dans l'attraction et la répulsion, les désirs et les peurs.

Avec un tel mental, nous ne pouvons pas voir les choses comme elles sont. Nous les voyons plutôt comme nous sommes. L'histoire suivante illustre bien ce point.

Un monastère Zen était occupé par deux moines. L'un d'eux n'avait qu'un œil. Un jour, un moine-voyageur frappa à la porte et défia le moine borgne, lui proposant d'être son adversaire dans une dispute philosophique. Quand le débat fut terminé, le moine-visiteur admit sa défaite. Avant de partir, il alla prendre congé de l'autre moine, qui était le chef du monastère. Le moine dit au supérieur : « Ce moine borgne est un génie. Nous avions convenu que la controverse serait silencieuse. J'ai commencé en montrant un doigt, qui représentait le Bouddha. Votre frère a montré deux doigts, signifiant le Bouddha et son enseignement. J'ai répondu avec trois doigts, indiquant le Bouddha, son enseignement et ses adeptes. Il a donné alors le coup de grâce en montrant le poing, prouvant ainsi qu'en réalité, le Bouddha, son enseignement et ses adeptes ne font qu'un. » Le visiteur s'inclina une fois encore, puis il quitta le monastère.

C'est alors que le moine borgne entra, furieux.

« Ce moine s'est montré d'une grossièreté ! S'il n'avait pas été notre hôte, je lui aurais donné la bonne raclée qu'il mérite.

– Que s'est-il passé ? interrogea le supérieur.

– Nous avions décidé de débattre en silence.

La première chose qu'il a faite, c'est de montrer un doigt, pour me dire « Je vois que vous n'avez qu'un œil. » Par courtoisie, j'ai montré deux doigts, pour lui dire : « Je vois que vous avez deux yeux. » Mais cette racaille a eu le toupet de me montrer trois doigts, indiquant : « A nous deux, nous avons trois yeux. » J'étais si en colère que je lui ai montré le poing pour dire : « Si vous n'arrêtez pas de parler d'yeux, vous allez recevoir mon poing dans les mirettes ». Selon leur disposition mentale, les deux moines ont interprété les gestes d'une manière totalement différente.

Un soir, le Bouddha donnait un sermon. En songeant aux moines présents dans l'assistance, il termina en disant : « Avant d'aller dormir, n'oubliez pas de faire la chose la plus importante de la journée. »

Les moines se dirent alors : « Nous ne devons pas oublier de méditer avant de dormir. »

Un voleur se trouvait là et il interpréta les paroles du Bouddha d'une manière tout à fait différente : « Le Seigneur Bouddha a raison, se dit-il, le cœur de la nuit, c'est le meilleur moment pour voler. » Une prostituée, en entendant cette même phrase, se dit qu'elle devrait bien essayer de trouver un client en rentrant. Chacun interpréta les paroles du Bouddha selon sa disposition d'esprit.

Quand nous avons des problèmes, Amma dit que nous essayons toujours de changer les circonstances, mais que dans bien des cas, la seule solution, c'est de nous changer nous même, de changer notre mental.

Au cours de l'un des programmes d'Amma au Japon, un dévot alla voir un des *brahmacharis* d'Amma et lui décrivit les problèmes qu'il avait avec sa femme. Le *brahmachari* l'écouta patiemment et lui suggéra finalement d'aller au *darshan* en priant intérieurement Amma de l'aider à restaurer l'harmonie dans son couple.

Quand il fut dans les bras d'Amma, elle lui murmura à l'oreille : « Mon fils chéri, mon fils chéri » en japonais. Mais il comprit de travers, et il crut qu'elle lui disait en japonais : « Que vas-tu faire ? Que vas-tu faire ? »

Il se dit : « Oh, Amma ! Tu me donnes le choix ? ! » Emporté par l'émotion, il s'écria dans un anglais approximatif : « Amma ! Changer de femme, s'il te plaît ! Changer de femme, s'il te plaît ! » révélant ainsi son désir secret de changer d'épouse. Amma rit de bon cœur et replaça sa tête sur ses genoux. Une fois le *darshan* terminé, le dévot se rendit compte que tout le monde avait pu entendre son exclamation et il était très embarrassé.

Mais lors du *darshan* suivant, Amma lui dit : « Fils, change ton mental, s'il te plaît, ne change pas d'épouse ! » En entendant les paroles d'Amma, l'homme comprit son erreur et résolut de faire plus d'efforts pour s'adapter à la situation et pour s'entendre avec sa femme.

Les mahatmas comme Amma sont vraiment heureux, alors qu'ils vivent dans le même monde que nous. Ils ont beau être confrontés aux mêmes difficultés, ils sont toujours en paix. Quand Amma était enfant, une fois qu'elle avait fini tout son travail dans sa propre famille, ses parents l'envoyaient faire des travaux domestiques dans la maison de sa grand-mère, distante d'environ 9 kilomètres. Amma y allait d'abord en bateau, puis comme ses parents trouvaient que c'était trop cher, elle décida de marcher. Au lieu de se lamenter sur son sort pendant cette longue marche, elle écoutait le bruit des vagues qui s'écrasaient sur la côte, ou bien elle répétait « Om » silencieusement ou encore chantait doucement pour le Seigneur. Amma dit que la joie qu'elle éprouvait à marcher ainsi est inexprimable.

Dans son œuvre Sadhana panchakam (cinq strophes sur la vie spirituelle) le grand sage Adi Shankaracharya nous exhorte ainsi :

Ekānte sukham āsyatātam

Demeure avec joie dans la solitude

La solitude dont il est ici question n'implique pas forcément la solitude physique ou l'isolement. *Eka* signifie « un » et *anta* « but » ou « fin ». Quand le mental est plongé dans la contemplation profonde du *guru*, de Dieu ou de l'*atman*, il est concentré en une seule direction. Alors il devient paisible et détendu. C'est cela, la vraie solitude.

Certes, nous pouvons aussi être seuls, sans personne pour nous déranger ; mais avec un mental envahi par les pensées et les émotions, il ne peut y avoir ni paix ni joie.

Voici l'histoire d'un monastère où la règle était très sévère : tout le monde avait fait vœu de silence ; personne n'avait le droit de parler. Il n'y avait qu'une exception à cette règle : tous les dix ans, les moines avaient la permission de dire deux mots. Un des moines, au bout de dix ans, alla trouver le supérieur. « Bon, cela fait dix ans. Quels sont les deux mots que vous aimeriez dire ?

– Lit...dur, dit le moine

–Je vois », répliqua le supérieur.

Dix ans plus tard, le même moine revint voir le supérieur. « Dix ans ont passé. Quels sont les deux mots que vous aimeriez dire ?

– Nourriture...infecte, dit le moine

– Je vois, répliqua le supérieur. »

Dix années passèrent de nouveau et le moine retourna voir le supérieur. « Alors quels sont vos deux mots maintenant ?

– Je pars, dit le moine.

– Oui, je comprends. Vous ne faites jamais que vous plaindre. »

Même dans les circonstances les plus favorables, si notre attitude n'est pas correcte, nous ne serons jamais en paix. Mais une fois que nous avons trouvé la vraie solitude, même si nous sommes dans un centre commercial, notre mental restera calme. C'est le mental qui est à l'origine de notre souffrance et de notre joie.

La directrice d'une école organisa un jour un concours. Pour favoriser les sentiments d'harmonie, de fraternité, et pour inspirer les graines d'artistes dans son école, elle offrit de décerner un prix au peintre qui ferait la meilleure représentation de la paix. Elle reçut beaucoup de propositions et finit par en sélectionner deux. L'une des peintures représentait un lac tranquille, où se reflétaient des bosquets verts, avec en arrière-plan des montagnes aux sommets enneigés. Le ciel bleu était parsemé de doux nuages blancs.

La seconde peinture représentait aussi des montagnes, mais elles étaient nues et accidentées, surplombées d'un ciel sombre et formidable, couvert de nuages d'orage déchiquetés par les éclairs. Une cascade mugissante dévalait le long du flanc de la montagne.

La directrice réunit tous les professeurs de l'école pour qu'ils regardent les deux tableaux et donnent leur avis : quelle était la représentation la plus adéquate de la paix ? Les professeurs furent unanimes et recommandèrent tous à la directrice de choisir le premier. Après tout, n'importe qui pouvait voir qu'il s'agissait d'une scène plus paisible. Et pourtant, elle choisit finalement le second. L'un des professeurs lui demanda pourquoi.

« Regardez-le de plus près », lui dit la directrice. C'est alors qu'il vit derrière la cascade un minuscule buisson qui avait surgi d'une crevasse de la roche, à flanc de versant, tout près du torrent rugissant. Dans ce buisson, un oiseau, une mère, couvait sur son nid dans une paix parfaite. « La paix, ce n'est pas être dans un endroit où il n'y a aucun bruit, aucun ennui, aucun dur labeur », expliqua la directrice. « La paix, c'est être au milieu de toutes ces choses et rester intérieurement calme. C'est cela la vraie paix. »

Le contrôle du mental est un outil qui ne nous procure pas seulement le bien-être psychique. Selon les Ecritures, il s'agit littéralement d'une question de vie ou de mort. Souvent, la dernière pensée qui nous vient au moment de la mort joue un rôle important dans le choix de notre prochaine vie.

Dans la Bhagavad Gita, Sri Krishna déclare :

*Antakāle ca mām eva smaran muktvā kalevaram
Yaḥ prayāti sam adbhāvam yāti nā'styatra saṁśayaḥ*

Et quiconque, au moment de la mort, en quittant le corps, se souvient de Moi seul, atteint Mon être, cela ne fait aucun doute.

(VIII, 5)

Amma raconte l'histoire de deux amis :

L'un était très intéressé par la spiritualité, tandis que l'autre y était indifférent. Un soir, il y eut dans leur ville une conférence (*satsang*) sur la Bhagavad Gita. Le premier souhaitait y assister et demanda à son ami de l'accompagner. Celui-ci refusa, car il voulait aller dans une boîte de nuit. Ils se séparèrent donc. Au bout d'un moment, celui qui écoutait le *satsang* se dit : « Mon ami s'amuse sans doute bien. J'aurais dû aller avec lui. » Au même moment, celui qui était en boîte de nuit, pensait : « Pourquoi suis-je venu ici ? Ces danses se ressemblent toutes ; il aurait été beaucoup plus intéressant d'écouter la Bhagavad Gita, au moins j'aurais pu acquérir un peu de mérites (*punya*). »

Il se trouve que ces deux hommes moururent la même nuit. Celui qui était allé en boîte mais qui pensait à Sri Krishna se retrouva au ciel, tandis que l'autre, qui songeait aux plaisirs de la boîte de nuit, arriva dans un endroit moins agréable. A moins de faire l'effort nécessaire pour maîtriser notre mental, nous ne pouvons pas tirer le meilleur parti de notre vie actuelle et cela peut affecter notre avenir.

Un homme arriva un jour chez un psychiatre et déclara : « Docteur, s'il vous plaît aidez-moi. Je pense que je suis Dieu.

– Hum, très intéressant. Dites-moi, comment cela a-t-il commencé ?

– Eh bien, j'ai tout d'abord créé le Soleil, puis la Lune, la Terre et les étoiles… »

Cet homme délirait, cependant la vérité ultime, c'est que nous sommes tous Dieu. La Taittiriya Upanishad (II.6.3) dit : « L'Etre suprême songea : « Que je me multiplie. » Et il créa tout ce que nous percevons. Ayant créé tout cela, il y pénétra. » Selon le Sanatana Dharma, il n'existe rien d'autre que Dieu.

En réalité, dit Amma, ce monde d'apparente diversité est une illusion et si nous voulons réaliser la vérité suprême, il nous faut transcender complètement le mental. Car la source de cette illusion, c'est le mental.

Au cours d'une tournée en Inde avec Amma, comme toujours, nous nous sommes arrêtés sur la route entre deux étapes et Amma a servi le déjeuner au groupe qui l'accompagnait. Une fois que tout le monde eut fini de manger, Amma demanda à un garçon de huit ans du nom de Ramou : « Où est Dieu ? »

Ramou montra le ciel.

« Non, dit Amma, Dieu est à l'intérieur de toi. » Puis elle montra le groupe d'environ quatre cent personnes qui l'entourait : « Dieu est à l'intérieur de chacune de ces personnes. Nous devons servir tout le monde, en voyant chacun comme une incarnation de Dieu. »

Amma demanda ensuite au garçon d'expliquer sa conception de Dieu.

« Dieu a créé le monde et tous les êtres », dit Ramou.

– Le monde n'est pas la création de Dieu, répondit Amma, il est ta création. »

Des œuvres volumineuses comme le Yoga Vasishta ont été rédigées pour mettre en lumière cette profonde vérité : l'univers entier n'est rien d'autre qu'une projection du mental. Ramou était perplexe. Puis, regardant Amma dans les yeux, il dit avec un peu d'hésitation : « C'est une blague, Amma »

Tout ce que nous voyons dans ce monde est perçu au travers de nos idées préconçues, dit Amma. Nous appréhendons le monde grâce aux instruments limités que sont le mental et l'intellect. C'est pourquoi les Ecritures disent que ce que nous considérons comme la vérité n'est pas la vérité absolue. Il ne s'agit que d'une vérité relative, créée par le mental.

Et ainsi, selon Amma, ce monde que nous croyons réel n'est en réalité qu'une illusion. Prenons l'exemple d'un pot en céramique. L'argile dont il est fait existait avant sa fabrication. Et si le pot tombe et se brise, il disparaît en tant qu'entité séparée, mais l'argile demeure. Le pot n'existe donc pas par lui-même, il n'est que de l'argile. Pendant un certain temps, l'argile a pris la forme d'un pot. De nature éphémère, le pot n'avait qu'une réalité relative. Parce qu'il n'a pas d'existence indépendante en dehors de l'argile, nous pouvons dire que, en définitive, le pot n'existe pas, c'est une illusion.

Quand Amma a dit au garçon : « Le monde est une création de ton mental », elle voulait dire que le monde de la dualité est une illusion créée par notre mental. En fait, il n'existe que Brahman, il n'existe que Dieu. Mais dans notre état actuel, nous voyons les objets de ce monde à travers notre vision dualiste.

Amma dit que l'illusion de la dualité, comme nous l'appelons, n'existe pas vraiment. C'est comme les ténèbres. Nous ne pouvons pas enlever l'obscurité et la mettre ailleurs. La seule façon de vaincre les ténèbres, c'est d'allumer la lumière. Dès que nous allumons la lumière, les ténèbres disparaissent. De même, quand la lumière de la connaissance du Soi se lève en nous, les ténèbres de la dualité disparaissent, et nous voyons partout l'unité.

Dans l'Isavasya Upanishad, il est dit au sujet de l'*atman* :

Tadejati tannaijati tad dūre tadvantike
Tadantarasya sarvasya tadu sarvasyāsya bahyataḥ

Cela bouge. Cela ne bouge pas.
Cela est très loin. Cela est très proche.
Cela est présent en tout,
Et cela est au-delà de tout.

(5)

En réalité, l'*atman* est plus proche de nous que le plus proche, puisqu'il est notre propre Soi ; il est plus proche même que le mental. Il est l'existence même de tout être vivant et le substrat de l'univers entier. Les textes disent que le Soi nous paraît plus lointain que le plus lointain, parce qu'un ignorant ne peut pas l'atteindre, même en cent millions d'années. Cela ne signifie pas toutefois que Dieu est cruel. La nature éternelle, pleine de béatitude, de notre Soi véritable est un secret, mais personne ne nous en prive intentionnellement, surtout pas Dieu ou le guru. C'est simplement qu'il nous manque la subtilité nécessaire pour l'appréhender correctement. Au regard de ceux dont le mental est recouvert par les nuages de l'ego, cette connaissance est pour ainsi dire cachée. C'est comme une mélodie qu'un sourd ne peut pas entendre, comme une couleur qu'un aveugle ne peut pas voir. La connaissance reste cachée jusqu'à ce qu'une personne apte à recevoir l'enseignement apparaisse. Amma dit qu'elle attend simplement de tels réceptacles. Ne la faisons pas attendre plus longtemps. ❁

Chapitre 7

Comment contrôler le mental et regarder à l'intérieur

« J'ai découvert que tout le malheur des hommes vient d'une seule chose, qui est de ne pas savoir demeurer en repos dans une chambre.»

— Blaise Pascal

D ans son œuvre « Le pur joyau du discernement » (Viveka Chudamani), Shankaracharya déclare :

*Doṣena tīvro viṣayaḥ kṛṣṇa sarpa-viṣād api
Viṣaṁ nihanti bhoktāram draṣṭāram cakṣuṣā'pyayam*

*Les objets des sens sont plus mortels
que le poison du cobra royal.
Le poison du cobra n'est fatal que s'il nous est injecté,
mais il suffit parfois d'un regard pour que ces objets causent
la mort.*

(77)

Le venin du cobra royal est fatal ; si ce serpent nous mord, nous n'avons plus qu'une demi-heure à vivre. Et pourtant, il est dit que les objets des sens sont encore plus dangereux. Pour nous tuer, il faut que le cobra nous morde. Mais un seul regard sur un objet des sens suffit à entraîner notre perte. Nous voyons quelque chose d'attrayant, nous voulons le posséder. Et dans notre tentative irréfléchie pour nous l'approprier, nous nous écartons de la voie du *dharma*. Amma illustre cette vérité en racontant l'histoire suivante :

Un *avadhut* marchait en direction de son village. Sur le bord de la route se dressait un arbre énorme, dans le tronc duquel il y avait un creux. Il décida de se reposer à l'ombre de cet arbre. Après sa sieste, avant de reprendre sa route, il regarda dans le creux de l'arbre. Quand il vit ce qui y était caché, il fit un bond comme s'il avait reçu une décharge électrique et partit en courant, tout en criant : « Danger ! Danger ! J'ai vu le dieu de la Mort, Yama, dans cet arbre. Sauvez-vous ! » Trois hommes qui passaient à ce moment-là demandèrent à *l'avadhut* ce qui lui était arrivé. Il expliqua que Yama les attendait dans l'arbre et leur enjoignit de ne pas s'en approcher. Et bien sûr, quand quelqu'un vous dit : « Ne faites pas ça ! », nous avons instantanément envie de le faire, telle est la nature humaine. Les trois hommes décidèrent d'aller voir par eux-mêmes, en pensant que *l'avadhut* était peut-être un peu fou et curieux de savoir ce qu'il avait bien pu voir.

En regardant dans la cavité du tronc, ils virent un trésor avec des diamants et d'autres pierres précieuses qui scintillaient. « Quel idiot, il a vu le trésor et il a cru que c'était le dieu de la Mort ! Cet imbécile est parti en courant ! Quelle chance pour nous ! » s'exclama l'un des hommes.

L'arbre se trouvait tout près d'une route très fréquentée, et il y avait de nombreux passants. Les trois complices décidèrent que l'un d'eux, appelons-le A, garderait le trésor et leur ferait signe quand il n'y aurait personne. Ils pourraient ainsi partager le butin en trois. Puis les deux autres, B et C, échafaudèrent un autre plan. Ils se mirent d'accord pour tuer A. Ils n'auraient plus ensuite qu'à partager en deux. Comme il se faisait tard, la faim se fit sentir. B offrit d'aller chercher à manger. En partant, il alla trouver A et lui dit que C était un gangster prêt à le tuer. A répondit : « Qu'il essaie un peu ! Je lui donnerai une bonne leçon ! »

B alla acheter à manger, puis en revenant, il mit du poison dans la nourriture. Il voulait tuer les deux autres et garder le trésor entier. Quand il apporta la nourriture à A, celui-ci le tua par surprise. Puis A prit la nourriture et alla près de l'arbre pour manger avec C. Ils moururent tous les deux. Quelque temps plus tard, *l'avadhut* passa de nouveau par là et vit les trois corps. Il s'écria de nouveau : « Le dieu de la Mort est là ; ne vous approchez pas ! »

La simple vue de ces joyaux entraîna la mort de ces hommes. Combien de morts ont été causées par l'avidité pour les biens matériels ? C'est en ce sens que Shankaracharya dit que les objets des sens sont plus mortels que le venin du serpent.

Cela ne signifie pas que les organes des sens sont nos ennemis. Ce ne sont que des instruments au travers desquels le mental fait l'expérience des objets des sens. L'œil ne jouit pas de la vue d'un objet : il transmet simplement l'information au mental. En fait, si le mental ne participe pas, les organes des sens n'enregistrent rien du tout. Combien de fois, plongés dans un livre ou dans une émission de télévision, avons nous cessé d'entendre quelqu'un qui parlait juste à côté de nous ? Le vrai coupable, c'est le mental, ce ne sont pas les organes des sens. Si nous maîtrisons le mental, les organes des sens nous laisseront en paix.

Le premier pas vers la maîtrise du mental, c'est de faire un effort pour s'éloigner des objets et des situations qui, nous le savons, vont nous induire en tentation. Amma dit qu'il est difficile de renoncer au chocolat si on se promène avec du chocolat dans son sac à main ou d'arrêter de regarder la télévision si nous avons une télévision plasma sur les murs de notre chambre.

Cependant, nous aurons beau nous abstenir physiquement de tout contact avec les objets que nous désirons, si nous continuons à y penser, cela ne nous apportera aucun bienfait. Si nous sommes par exemple en train de méditer et que le parfum d'une nourriture délicieuse flotte jusqu'à nos narines, notre mental se dirige aussitôt vers la cuisine et nous nous demandons quel mets délicat on y prépare. Le corps reste dans la salle de méditation, mais le mental est dans la cuisine. Le corps jeûne, mais le mental, lui, se régale. Dans la Bhagavad Gita, Sri Krishna déclare :

Karmendriyāṇi samyamya
Ya āste manasā smaran
Indriyārthān vimūḍhātmā
Mithyācārāḥ sa ucyate

Celui qui maîtrise les organes d'action
Mais dont le mental est encore attaché aux objets des sens
Se berce d'illusions ; c'est un hypocrite.

(III, 6)

On peut comparer le mental à un récipient contenant de l'eau, placé sur le feu. Quand l'eau bout, nous ajoutons un peu d'eau froide pour la refroidir. Et chaque fois qu'elle bout, nous recommençons la même opération. Si nous voulons éviter d'avoir à verser de l'eau froide toutes les deux minutes, il faut verser de l'eau sur le feu. Notre mental est ainsi en ébullition, à cause du feu de nos désirs. Quand un désir est satisfait, le mental se refroidit, il est en paix pendant un moment, mais bientôt, un autre désir surgit et le porte à ébullition. Les désirs sont sans fin, il en vient toujours un nouveau. La seule solution, c'est de verser l'eau de la compréhension spirituelle sur le feu de nos désirs. Même si nous ne réussissons pas à éteindre le feu, nous pouvons réduire l'intensité des flammes. Écouter les sens nous éloigne de notre véritable Soi, c'est donc contre-productif. Quand nous avons vraiment saisi cela, nous ne nous laissons plus emporter par la tentation.

Dans la Bhagavad Gita (XVIII, 37- 38), Sri Krishna explique : « Ce qui au départ semble du nectar nous empoisonne ; ce qui tout d'abord a un goût de poison se transforme en nectar ». Quand nos sens sont en contact avec l'objet de notre désir, nous en jouissons au début, mais ces plaisirs finissent dans la souffrance quand cet objet change ou diminue. En revanche, la paix et le bonheur véritables, acquis grâce à la maîtrise du mental, au renoncement et aux pratiques spirituelles, ont un début amer car il est difficile de maîtriser le mental. Cependant, bien vite nous jugeons que le bonheur puisé dans le monde est pâle en comparaison de la paix intérieure qui vient de pratiques spirituelles régulières, sans parler de la béatitude infinie que l'on obtient en réalisant le Soi.

Une fois le feu éteint, nous pouvons enlever le pot du feu. Quand le mental est relativement libre du désir, il est plus facile de retirer notre attention des organes des sens et de la tourner vers l'intérieur, vers l'*atman*. ❖

Chapitre 8

Transcender le désir

Il existe trois méthodes pour apprendre la sagesse :
La première et la plus noble, c'est par la réflexion ;
La seconde et la plus facile, c'est par l'imitation ;
La dernière et la plus amère, c'est par l'expérience.

– Confucius

Tout récemment, en voyant le fils d'un dévot américain lire un livre sur l'anatomie du corps humain, je lui ai demandé à l'improviste : « Qu'est-ce qui constitue soixante-dix pour cent de ton corps ? » Il a répondu du tac au tac : « Le Coca-cola. »

En fait, il existe deux sortes de désirs : les désirs naturels et les désirs cultivés artificiellement. Il est naturel d'avoir soif. Mais si nous ne voulons boire que des sodas, c'est un désir artificiel. Mener une vie spirituelle, c'est discerner entre les désirs naturels et ceux qui sont artificiels, puis transcender ces derniers. En les éliminant, nous économisons une grande quantité d'énergie, d'efforts et de temps que nous pouvons ensuite consacrer aux pratiques spirituelles, au service de la société ou à d'autres buts.

Peu après l'annonce détaillée du budget énorme consacré par Amma à aider les victimes du tsunami, un couple australien qui avait rencontré Amma lors de sa précédente visite en Australie, s'apprêtait à fêter son anniversaire de mariage. Ils étaient dans la voiture, en route vers un restaurant réputé, quand soudain, la femme dit :

« Chéri, combien va nous coûter le dîner de ce soir, à ton avis ?

– N'y pense pas, répondit son mari, c'est aujourd'hui notre anniversaire de mariage, l'argent ne compte pas.

– C'est que, vois-tu, je me disais que nous allions facilement dépenser deux cents dollars pour le dîner de ce soir. Et si nous faisions demi-tour pour dîner à la maison ? Nous pourrions acheter de quoi manger pour moins de vingt dollars et faire don du reste à Amma pour les victimes du tsunami. »

Son mari accepta sa suggestion. Sachant que leur petit sacrifice aiderait Amma à servir les plus démunis, ils savourèrent tous les deux leur simple repas chinois. En fait, le mari fut si enthousiasmé par l'idée de sa femme qu'il en parla le lendemain à tous ses collègues. A la fin de la semaine, ils purent envoyer un chèque dont le montant dépassait la somme qu'ils avaient économisée en dînant chez eux. De nombreux collègues avaient décidé de faire eux aussi un sacrifice, cette année-là, pour leur anniversaire de mariage. Ils avaient fait des dons généreux.

Le moyen le plus facile de transcender les désirs artificiels est d'approcher un vrai maître comme Amma. Cela ne veut pas dire que si vous venez voir Amma, tous vos désirs vont immédiatement disparaître. Mais de nombreux dévots et disciples d'Amma constatent qu'après leur rencontre avec Amma, beaucoup de désirs disparaissent. Je suis venu voir Amma en espérant que son pouvoir divin m'aiderait à obtenir une mutation dans la banque où je travaillais car je voulais me rapprocher de ma ville natale. La raison principale, c'est que j'étais très mécontent du logement dont je disposais dans la ville où je travaillais. Après avoir rencontré Amma, je passais la plus grande partie de mon temps à l'ashram, en dépit du fait qu'il n'y avait aucun logement et très peu de nourriture. En présence d'Amma, ce qui avait été pour moi d'une importance primordiale était passé spontanément à l'arrière-plan.

Un jeune homme qui rêvait d'être steward obtint soudain deux offres d'emploi, venant de deux compagnies aériennes. Incapable de choisir, il décida de demander l'avis d'Amma. Mais au moment du *darshan*, il ne posa même pas la question. Il résolut de garder son emploi. Il travaillait tout près de l'ashram, ce qui lui permettait de voir souvent Amma, de participer aux activités spirituelles de l'ashram et d'y faire du service désintéressé. D'un coup, ce désir qu'il avait chéri toute sa vie s'est évanoui, et il a choisi un but beaucoup plus élevé que celui de voler en avion.

C'est un phénomène étrange mais courant : beaucoup d'entre nous viennent voir Amma avec des centaines de problèmes et se disent : « Si je confie ces problèmes à Amma, ils seront peut-être résolus ». Mais quand nous approchons Amma, nous voilà incapables de dire un mot ; nous oublions tout. En sa présence, nous sommes remplis de l'amour et de la paix qui émanent d'Elle constamment. Ses vibrations divines nous comblent et nous apaisent. La joie que nous ressentons en sa présence est une sorte d'aperçu, une minuscule parcelle de la béatitude éternelle qui demeure en nous et que nous pouvons atteindre en réalisant notre unité avec Dieu.

Certes, quand nous quittons la présence d'Amma, désirs et problèmes resurgissent et nous sommes de nouveau en proie à l'agitation. Mais cette expérience nous apporte un enseignement. Elle témoigne que, quand le mental est libre de pensées et de désirs, il ne reste que la paix et la béatitude. Nous voyons jusqu'à l'essence de notre être, l'*atman*, Dieu. L'étincelle de béatitude que nous recevons auprès d'Amma nous montre que le bonheur éprouvé en renonçant aux désirs est plus grand que celui obtenu en les satisfaisant.

En réalité, combler un désir est simplement le processus par lequel nous l'épuisons. Si par exemple nous voulons une voiture de sport, nous l'achetons et le désir disparaît. En achetant la voiture de sport, nous n'avons fait que le chasser. Faisons donc d'une pierre deux coups : si nous nous libérons des désirs artificiels, nous n'avons pas à nous donner le mal de les satisfaire et nous économisons beaucoup de temps et d'énergie. C'est possible grâce au discernement, en passant du temps en compagnie d'un maître spirituel, ou en orientant le désir vers un but plus élevé. Il est bon également de se rappeler qu'en dépit de tous nos efforts, il y a de nombreux désirs que nous ne pourrons jamais satisfaire.

Il y a certes des désirs fondamentaux, des besoins primaires, et ce sont là des désirs naturels. Selon notre mode de vie, une voiture peut s'avérer indispensable. Mais en tant que chercheur spirituel, c'est le désir pour la voiture de sport qu'il faut éliminer. Si notre but est de réaliser Dieu, mieux vaut se passer de tout ce qui n'est pas absolument nécessaire.

Lors du dernier tour d'Amma dans le nord de l'Inde (2006) Amma s'est arrêtée pour déjeuner dans un champ, au sommet d'une petite hauteur. Les dévots qui l'accompagnaient sur le tour ont formé un cercle et un dévot occidental a posé la question suivante : « Amma, quand nous avons un attachement très fort, une chose à laquelle nous sommes identifiés et dont nous ne pouvons nous libérer, quelle est l'attitude juste ? »

Amma a répondu : « Si ton désir est intense et que tu essayes de le réprimer, il reviendra avec encore plus de force. D'un autre côté, nous aurons beau faire cette expérience une, deux ou trois fois, le désir reviendra tout de même ; ne pensons donc pas qu'il sera comblé si nous y cédons. »

Amma donna l'exemple du désir amoureux: « On peut atteindre l'âge de cent ans sans que ce désir ait disparu et même quand on se marie, il arrive que l'on soit attiré par d'autres personnes. Alors vient un moment où il est nécessaire de cultiver le détachement (*vairagya*). »

L'homme n'était pas satisfait de la réponse d'Amma. En fait il avait un désir très précis. « Amma, je veux faire le voyage en bateau entre l'Amérique et l'Inde, une traversée en solitaire…c'est un projet que j'ai depuis plusieurs années. »

Amma lui a demandé combien de temps durerait cette traversée.

« Entre deux mois et dix ans. »

La paisible colline retentit d'éclats de rire.

« Est-ce quelqu'un l'a déjà fait ? » lui demanda Amma. « Cela n'a rien à voir avec un voyage en paquebot. Il faut prendre en compte de nombreux éléments. »

L'homme répondit que beaucoup de gens avaient déjà fait ce voyage, ajoutant qu'il sillonnait les mers depuis vingt ans.

« Et au bout de vingt ans, ce désir n'est toujours pas épuisé », souligna Amma. « Peut-être que tu devrais demander à Dieu : « Seigneur, dans ma prochaine vie, fais de moi un dauphin ! » »

De nouveau, les rires fusèrent ; mais le dévot protesta : « Je veux me libérer de cette *vasana*. C'est cela qui m'intéresse ».

Voyant qu'il cherchait sincèrement de l'aide, Amma exprima la compassion qui est sa nature : « Non. En satisfaisant une *vasana*, il est impossible de l'épuiser. Le détachement qui en résulte n'est que *smashana vairagya* (le détachement momentané que l'on ressent quand on visite les lieux de crémation). Celui qui perd son épouse chérie dit alors : « Je ne me remarierai jamais ». Mais au bout de quelque temps, le voilà avec une autre épouse. »

Amma dit alors au dévot que s'il étudiait bien son itinéraire et tous les problèmes éventuels auxquels il serait confronté, si son désir était encore fort, alors il pouvait faire cette traversée. Mais Amma avoua qu'elle se demandait ce qui le fascinait dans un tel voyage. Il confessa qu'en réalité, il l'ignorait.

Amma lui conseilla alors d'observer constamment son mental pendant la traversée et de réfléchir. Elle lui dit de diviser le voyage en plusieurs parties, de faire la première et de voir comment son mental réagissait. Il pouvait faire la même chose avec la deuxième et la troisième section. « Chaque fois que tu termines une section, observe ton mental. Vois si tu as toujours le désir de continuer. Si tu veux poursuivre, alors fais-le. Mais une fois que tu auras terminé la troisième partie, si le désir est encore présent, alors comprends qu'il ne partira jamais. A ce moment-là, s'il te plaît, arrête-toi. »

Pour conclure, Amma fit sans doute la remarque la plus pertinente de tout l'après-midi. « L'effort que tu consacres à ce voyage serait mieux employé si tu aidais les pauvres en leur achetant nourriture et vêtements, en leur permettant d'aller à l'école et d'étudier. Examine ton désir pour voir s'il ne s'agit pas simplement d'un tour que te joue le mental. »

Le conseil donné par Amma au marin en difficulté s'applique également à nos désirs. Il est impossible de les épuiser en les satisfaisant et si nous les réprimons, ils reviendront d'un bond, comme un ressort étroitement comprimé. Au lieu de les refouler, mieux vaut leur substituer des idées et des actions nobles ; ils tomberont alors d'eux-mêmes.

Voici une belle histoire tirée des *Puranas* (histoires de l'Inde ancienne). Kubera, le dieu de la richesse, était aussi un dévot de Shiva. Il se dit un jour : « Le Seigneur a pris l'apparence d'un mendiant. Comme l'égoïsme des gens qui peuplent le monde ne cesse d'augmenter, combien d'aumônes le Seigneur reçoit-il chaque jour ? Et avec cela, il doit nourrir le monde entier ! Comme le Seigneur fait passer le monde avant sa propre famille, son fils Ganesh n'a peut-être pas assez à manger. » Alors il invita Ganesh à un festin grandiose. Ganesh arriva au palais de Kubera et trouva un repas énorme qui l'attendait. Kubera lui dit : « Mon cher Ganesh, je t'en prie, mange autant que tu veux, mange à satiété. Et, en un clin d'œil, Ganesh dévora tout le festin. Il ne restait plus rien. Comme il avait encore faim, il se mit à manger les assiettes, les cuillères et les couteaux, il avala même la table ! Quand il eut dévoré tout ce qui était dans la pièce, il regarda Kubera. Quelque chose dans son regard éveilla soudain chez Kubera la peur. Il prit ses jambes à son cou, mais Ganesh était à ses trousses. Alors Kubera, courant aussi vite qu'il pouvait, alla chercher refuge chez le père de Ganesh, le dieu Shiva, et se cacha derrière lui. Ganesh fonça dans leur direction mais au dernier moment, Shiva tendit le bras, un grain de riz soufflé dans la paume de sa main. Ganesh s'arrêta net, prit l'unique grain avec sa trompe et le mangea. Aussitôt, sa faim s'évanouit.

En réalité, cette insatisfaction qui nous semble parfois être la malédiction de notre existence, ce sentiment d'incomplétude, est un précieux don de Dieu. Si nous nous livrons à une introspection sincère, avec un mental pur, nous verrons que tous nos désirs, tous les chocs, les frustrations et les peines que nous essuyons en nous efforçant de les satisfaire, montrent la direction de Dieu. Un moine chrétien du 17ème siècle, nommé Jean-Pierre de Caussade, a écrit : « Dieu instruit le cœur non pas avec des idées …mais au travers des souffrances et des contradictions. »

En réalité, Ganesh représente chacun de nous, et le festin du roi symbolise toutes les expériences, tous les objets agréables de ce monde. Cette histoire nous enseigne que ce manque, cette insatisfaction, cette agitation intérieure ne seront jamais comblés par les objets du monde. Le dieu Shiva représente ici le *guru*, qui d'une seule parole, d'un seul regard ou par un simple contact peut nous accorder le contentement absolu[1]. Le riz soufflé ne peut pas germer et de même, l'enseignement et la grâce du *guru* mettent fin au cycle des naissances et des morts. Notre faim ne sera enfin apaisée que quand, guidés par le *guru*, nous réaliserons notre unité avec Dieu. Nous connaîtrons alors la paix et le contentement réels. ❦

---

[1] Shiva est considéré comme le premier *guru*

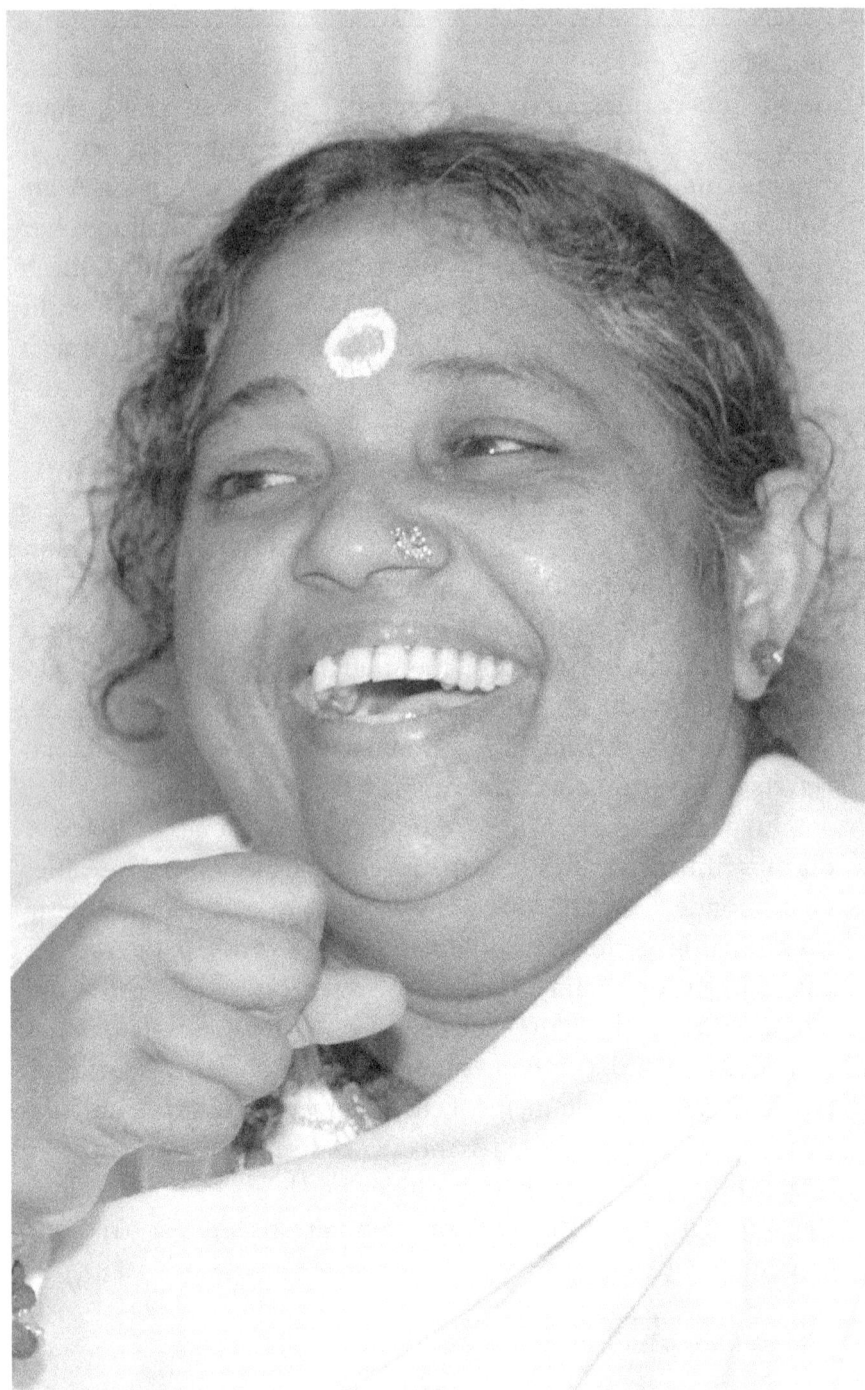

Chapitre 9

La vie après la mort

« La mort n'est pas la fin ; ce n'est qu'un point à la fin d'une phrase. C'est le début d'une nouvelle vie. »

– Amma

Il y a quelques années, une femme occidentale vint vivre à l'ashram en Inde avec ses deux petits enfants. Les enfants étaient naturellement attirés par Amma et s'attachèrent beaucoup à elle. Ils passaient même plusieurs heures chaque jour dans la chambre d'Amma, après la fin du darshan. L'un des garçons avait un lien particulièrement étroit avec Amma et elle le regardait dans les yeux avec amour pendant un temps qui semblait une éternité. Jamais il ne détournait le regard, jamais il n'avait même un battement de cils pendant qu'elle le regardait. Grâce à ce fils, la mère aussi s'attacha beaucoup à Amma. Mais au bout de quelques années, des problèmes familiaux surgirent. Ils allaient, semblait-il, devoir quitter l'ashram pendant au moins quelques mois. Amma conseilla à la mère en détresse de régler les problèmes et de revenir aussi vite que possible, mais elle était inconsolable. Elle était si attachée à Amma et à l'ashram qu'elle ne pouvait supporter l'idée de partir, même pour une courte période.

Au bout de quelques jours, il apparut qu'un séjour dans son pays natal était inévitable, au moins pendant quelque temps. La mère et ses deux enfants prirent donc l'avion pour rentrer chez eux, en promettant de revenir aussi vite que possible. Quelques jours après leur départ, nous avons reçu la tragique nouvelle que le jour même de leur arrivée, la mère des garçons avait eu une crise cardiaque et qu'elle était morte sur le coup. On en informa Amma pendant qu'elle donnait le *darshan* du matin. Jusqu'à la fin du *darshan*, Amma versa des larmes et cela lui arriva encore dans les jours qui suivirent. Chaque fois qu'elle pleurait, elle parlait toujours de la terrible douleur que devaient ressentir les deux garçons. Certes, Amma dit toujours que ce sont ceux qui restent qui ont le plus besoin de nos prières, mais je me demandais tou–t de même pourquoi Amma ne disait pas grand chose au sujet de leur mère. Lorsque j'ai revu les deux orphelins, j'ai eu ma réponse.

C'était pendant l'un des tours d'Amma à l'étranger. Amma garda très longtemps les deux garçons dans ses bras, elle les embrassait sur le front, elle leur passait la main dans les cheveux et leur caressait le dos. L'aîné des garçons avait une question : « Amma, où est partie notre mère ? »

« Votre mère est avec moi, dit Amma, elle s'est fondue en moi pour toujours. »

Il se trouve que c'est moi qui traduisais pour Amma à ce moment-là et tout en traduisant fidèlement ses paroles, je me rappelai la citation des Ecritures : « La libération ne peut être obtenue que par la connaissance (*jnana*[1]). » Je pensai à part moi que cette femme ne paraissait pas être un *jnani* (celui qui a atteint *jnana*). En même temps, une histoire me revint à l'esprit, histoire que j'ai racontée dans « Succès ultime », celle d'Amma accordant la libération à une chèvre de sa famille, alors qu'elle n'était qu'une toute jeune fille. Je me rappelai aussi que le *mahatma* Sri Ramana Maharshi, au 20ème siècle, accorda la libération à sa mère ainsi qu'à une vache qui vivait dans son ashram, alors que ni l'une ni l'autre n'avait atteint *jnana* avant de mourir. Certes, pour les gens ordinaires, les paroles des Ecritures sont vraies : nous ne pouvons pas atteindre la libération sans avoir réalisé notre vrai Soi avant

---

[1] Littéralement : « connaissance ». Ici, jnana désigne la connaissance de Brahman, la Conscience suprême, notre nature réelle.

le moment de la mort. Mais les *mahatmas* ne sont pas liés par les Ecritures. Par la grâce d'un *mahatma* comme Amma, tout est possible. Un homme du Tamil Nadu est un jour venu voir Amma avec quelques amis. Pendant son *darshan*, il demanda à Amma : « M'accorderas-tu la libération ? Si oui, je t'en prie, donne-moi un mantra. »

Amma dit : « Oui, mais pas maintenant…tu dois épuiser encore un peu de *karma* dans cette vie. Viens plus tard. » Quelques semaines plus tard, le même homme revint et redemanda un mantra. Amma dit qu'elle allait lui en donner un. Mais comme il ignorait qu'elle ne donne les mantras qu'à à la fin du *darshan*, il partit sans attendre. La troisième fois qu'il vint voir Amma, il eut enfin son mantra.

Comme il dirigeait une société et qu'il était très occupé, il n'avait pas tellement le temps de répéter son mantra pendant la journée. Mais pour ne pas manquer la chance de faire la *sadhana* qu'Amma lui avait prescrite, il s'asseyait chaque nuit après minuit pour répéter son mantra et méditer jusqu'aux premières heures du matin.

Puis il eut très envie d'organiser un programme pour Amma dans sa ville natale, au Tamil Nadu. Un des *brahmacharis* d'Amma vint alors y donner un *satsang* en prélude, afin de faire mieux connaître Amma. Le dévot s'apprêtait à présenter le *brahmachari* et il psalmodia tout d'abord dans le micro : « Om Amriteshvaryai namah, Adi para shakti, Amma, Akhilandeshwaryai, Amriteshwari… » (Je m'incline devant la déesse immortelle, l'énergie suprême et primordiale, Mère, déesse de toute la création). Tout en psalmodiant, il se mit à chanceler d'avant en arrière et finit par basculer à la renverse et tomber du podium. Il semblait avoir été submergé par la dévotion. Quelques bénévoles bondirent pour lui porter secours. Ils s'aperçurent qu'il ne respirait plus. Ils se précipitèrent vers l'hôpital le plus proche, où l'on ne put que constater son décès. Il était mort en récitant les noms d'Amma.

Le *brahmachari* qui était allé donner le *satsang* m'appela aussitôt, et me demanda d'informer Amma. A l'époque, quand un dévot quittait son corps, les *brahmacharis* récitaient le Lalita Sahasranama (les mille noms de la Mère divine) pour aider son âme. Quand j'informai Amma de la mort de ce dévot du Tamil Nadu, je lui demandai si nous devions réciter le Lalita Sahasra-nama ce soir-là. Elle répondit : « Vos prières ne sont pas nécessaires, il est déjà arrivé à destination. » Je compris qu'il s'était déjà fondu dans l'infini.

Dans les deux cas, je savais qu'il ne m'appartenait pas de mettre en cause les déclarations d'Amma concernant le destin de l'âme, puisque j'étais totalement ignorant sur le sujet tandis qu'Amma avait clairement démontré qu'elle possédait une connaissance directe et parfaite de la vie après la mort.

Il y a environ vingt-cinq ans, Swami Purnamritananda Puri (à l'époque Sri Kumar) trouva Amma assise sur la véranda du *kalari*[2], notant rapidement quelque chose dans un cahier. Comme il approchait, Amma se détourna, cachant ce qu'elle avait écrit et lui dit d'un ton ferme : « Fils, ne t'approche pas de moi maintenant ! »

Swami Purnamritananda obéit docilement mais sa curiosité était piquée. Amma continua à écrire ainsi pendant plus de deux heures, remplissant de son écriture deux cahiers de quatre-vingts pages. Quand elle parut avoir fini, il s'approcha et lui demanda : « Amma, qu'est-ce que tu écrivais ? » Sans répondre, Amma se leva tout à coup, emportant les cahiers avec elle.

---

[2] Le premier temple de l'ashram n'était au départ guère plus grand qu'un vestibule, ce n'était qu'une partie de l'étable familiale, convertie en temple. Quand on y songe maintenant on s'étonne qu'Amma, qui donne maintenant souvent ses programmes dans des stades ou des amphithéâtres, ait pu autrefois donner son *darshan* dans un lieu aussi petit.

Quelques mois passèrent. Un après-midi, Swami Purnamritananda nettoyait la hutte d'Amma quand une malle en bois placée sous le lit attira son attention. Il l'ouvrit et y découvrit les deux cahiers, ceux qu'avait écrits Amma quelques mois plus tôt. Il en ouvrit un et se mit à lire. Emerveillé, il découvrit, exposés dans une prose belle et limpide, les secrets de l'univers révélés, exposés à la vue de tous. Il entendit soudain de loin Amma arriver, referma rapidement les cahiers et les remit dans la malle, qu'il repoussa sous le lit.

Swami Purnamritananda n'oublia jamais le contenu de ces cahiers et quand un dévot exprima le souhait de publier un recueil des enseignements d'Amma, il alla dans la hutte d'Amma, tira la malle de dessous le lit et en extirpa les cahiers. Soudain, venue de nulle part semblait-il, Amma entra, lui arracha les cahiers des mains et sortit en courant de la hutte, se dirigeant vers la lagune. Incrédule, il vit Amma lacérer les cahiers, arrachant les pages qu'elle déchirait en petits morceaux. Puis elle lançait tout cela dans les eaux de la lagune.

Cependant, quand Amma lui avait arraché les cahiers, quelques pages lui étaient restées entre les mains. Dans ces quelques pages, Amma avait dépeint le voyage de l'âme après la mort, avant sa renaissance sous une autre forme physique.

Depuis lors, Amma a verbalement décrit ce processus à plusieurs occasions. Amma dit que quand le corps périt, notre âme reste intacte, comme l'électricité qui continue à exister une fois que l'ampoule est grillée. Une aura subtile entoure notre corps ; comme un magnétophone enregistre toutes nos paroles, l'aura enregistre toutes nos pensées, nos paroles et nos actions au cours de notre vie. Après la mort, cette aura entre dans l'atmosphère sous la forme d'un ballon, en même temps que l'âme individuelle (*jiva*). Puis elle s'élève dans l'atmosphère comme la fumée d'une cigarette.

Ces âmes renaissent alors conformément à leur *karma*. Elles redescendent sous la forme de pluie ou de neige et s'unissent aux plantes. Ces plantes donnent des fruits, des légumes et des céréales. Quand les hommes mangent cette nourriture, l'âme entre dans leur sang. Le sang devient de la semence, et puis l'âme entre dans l'ovule pour prendre un autre corps physique.

Les âmes qui ont réalisé le Soi, en revanche, se fondent dans l'infini au moment de la mort, comme une goutte d'eau se fond dans l'océan ou comme l'air d'un ballon qui éclate s'unit à la totalité. Une telle âme ne renaît plus.

Nous ne voyons pas un cristal immergé dans l'eau ; de même, nous ne pouvons voir l'âme. Nous ne pouvons pas pour autant déclarer qu'elle n'existe pas. De nombreuses bactéries vivent sous nos paupières, mais nous ne les voyons pas non plus. Exactement comme la physique, la chimie ou la géologie, la spiritualité est une science, développée par l'observation et vérifiable par l'expérience. Comme l'objet d'étude est plus subtil, les instruments requis pour l'observation le sont également. En réalité, toutes les pratiques spirituelles ne sont que des moyens de nettoyer, de purifier nos instruments intérieurs. Un miroir sale ne renvoie pas une image nette ; ainsi, nos instruments intérieurs sont voilés par les pensées et les désirs, nous sommes incapables de percevoir la réalité subtile. Quand nous obtenons *antahkarana-suddhi* (la pureté des instruments intérieurs), la vérité nous est révélée dans toute sa gloire divine.

La description de la vie après la mort donnée par Amma est parfaitement conforme aux enseignements des *Upanishads*, alors qu'elle n'a jamais étudié les Ecritures. On dit que les *Védas*, dont les *Upanishads* font partie, sont le Souffle de Dieu. Les mantras qui les constituent n'ont été pensés par personne, ils ont été perçus par les sages qui voyaient la vérité (*rishis*). Sous une forme subtile, ils ont toujours existé dans l'atmosphère. Amma n'avait pas besoin de lire les Ecritures parce que sa vision est assez subtile pour percevoir ces vérités. Pour Amma, l'univers est un livre ouvert et chaque conversation est une *Upanishad*.

On se demandera peut-être pourquoi Amma a déchiré les cahiers. Seule Amma en connaît la véritable raison, mais en réfléchissant au motif qui avait pu la pousser à faire ce geste, je me suis rappelé une histoire qui met en scène le dieu Shiva et son fils cadet, Skanda (Muruga). Par sa puissance divine, Skanda avait mémorisé toutes les Ecritures du Sanatana Dharma, un corpus bien trop vaste pour être assimilé au cours d'une vie humaine. Le dieu Shiva vint un jour trouver son fils et lui demanda : « Comme tu as une connaissance complète des Ecritures et de toutes les branches de la science védique, tu connais parfaitement la science de l'astrologie védique (*jyotish*). Voyons, dis-moi l'avenir qu'elle me prédit. »

Skanda obéit et dressa le thème astrologique de son père. Il l'examina un moment puis déclara : « Tu auras deux épouses, aucune possession, tu seras toute ta vie un mendiant errant, sans foyer. »

En entendant la prédiction de Skanda, Shiva dit : « Il est vrai que tu peux prédire l'avenir avec exactitude. Mais tu ignores comment transmettre correctement cette information. Même quand il s'agit de la vie de ton père, l'image que tu en donnes est dégradante. Que diras-tu donc aux êtres humains ordinaires ? Au lieu de présenter tes prédictions d'une manière positive, tu parles sans discernement, en employant des paroles blessantes. En conséquence, même si vous possédez toutes les informations correctes, le lieu et l'heure de naissance, la position des étoiles à ce moment-là, toi et tous les adeptes de la science de l'astrologie, vous ne pourrez rien prédire avec une parfaite exactitude. »

Shiva enleva à l'humanité la faculté de prédire l'avenir avec une exactitude parfaite. Ainsi, j'ai le sentiment qu'Amma, en

97

déchirant les pages qu'elle avait écrites, a choisi de nous cacher la description complète du fonctionnement de l'univers. Peut-être ne sommes-nous pas prêts à la lire. Ou peut-être, comme le dit Amma, cela ressemblerait-il au prince qui accepte de jouer à colin-maillard. Le bandeau sur les yeux, il marche en trébuchant et cherche ses compagnons de jeu qui se sont cachés. Il pourrait facilement enlever le bandeau ou appeler ses amis, leur ordonnant de sortir de leur cachette, puisqu'il est le prince et que tous doivent lui obéir. Mais alors il n'y aurait plus de jeu ! ❖

Chapitre 10

Restructurer notre ADN spirituel

Parlez ou agissez avec un mental impur
Et les ennuis vous suivront
Comme la roue suit le bœuf qui tire le char…
Parlez ou agissez avec un mental pur
Et le bonheur vous suivra
Comme votre ombre, inébranlable.

— Dhammapada

Nous savons tous que notre état physique actuel est le produit de notre ADN, qui vient de nos ancêtres et ne peut être modifié, sinon par certains facteurs de l'environnement capables de l'endommager. Imaginez cependant qu'il soit possible, avec le temps, peu à peu, de restructurer notre ADN à volonté : alors notre état physique changerait sans nul doute. S'il est impossible de modifier notre ADN physique, notre ADN spirituel (autre manière de désigner le *karma* accumulé dans cette vie et dans les précédentes) peut en revanche évoluer.

La graine d'un séquoia géant ne pèse que quelques grammes, mais elle contient potentiellement un arbre de 2 500 tonnes. La graine est le produit de la somme totale de l'arbre, son essence en miniature. Même si nous la plantons dans mille ans, son ADN la destine à devenir un séquoia géant et rien d'autre. Elle ne donnera jamais un bananier.

Il en va de même avec notre *karma*, notre ADN spirituel. Notre corps subtil est miniaturisé sous la forme d'une graine au moment de la mort. Quand les circonstances sont favorables, notre ADN spirituel donne des fruits, exactement comme la graine qui devient un arbre avec le temps.

En tant qu'êtres humains, nous sommes les architectes de notre destinée, ceci est vrai non seulement au niveau individuel, mais aussi au niveau collectif.

Pendant un tour à l'étranger, un homme jeune demanda à Amma lors d'une session de questions-réponses : « Sur toute la surface de la planète nous voyons les cultures indigènes et les traditions autochtones disparaître. Pourquoi Dieu permet-Il que cela se produise ? » Amma a répondu que ce n'était pas Dieu qui les faisait périr, mais les êtres humains. Chacun est en partie responsable de la société dans laquelle il vit. Dieu nous a donné des talents et l'énergie nécessaire pour agir. Nous sommes libres d'en faire ce que nous voulons. Nous pouvons employer le feu pour cuisiner ou pour incendier une maison. Si nous utilisons le pouvoir du feu pour faire le mal, le feu n'en est pas responsable.

Il était une fois un vieux menuisier-charpentier qui avait construit des maisons toute sa vie mais n'avait jamais eu assez d'argent pour s'en acheter une. Comme il voulait passer plus de temps avec ses petits-enfants, il décida tout de même de prendre sa retraite.

Quand il annonça à son employeur son projet de quitter le métier, l'entrepreneur lui demanda s'il pouvait en construire encore une, une seule. Il le lui demandait comme une faveur per-sonnelle. L'homme acquiesça, mais au bout d'un certain temps il était visible qu'il n'avait pas le cœur à l'ouvrage. Son travail était bâclé et il utilisait des matériaux de mauvaise qualité.

Il termina enfin la maison et l'entrepreneur vint l'inspec-ter. Il eut l'air surpris de voir que ce charpentier avait fait du si mauvais travail, ce qui ne lui ressemblait pas. Mais il ne fit aucun commentaire. Il poussa seulement un soupir de regret avant de remettre la clé de la maison au charpentier. « C'est votre maison, dit-il, mon cadeau pour votre départ ». Comprenant son erreur, le charpentier eut le cœur brisé. Honteux, tête basse, il prit les clés de sa nouvelle maison.

S'il avait su qu'il construisait sa propre maison, il aurait travaillé avec beaucoup plus de soin et de sincérité. Maintenant, il était trop tard, il lui fallait vivre dans la maison qu'il avait construite.

De même, notre vie actuelle est le produit de nos pensées, de nos paroles et de nos actions passées. Notre vie à venir sera le résultat des choix que nous faisons aujourd'hui. Cela ne vaut pas seulement pour cette vie, mais aussi pour nos vies passées et à venir. Toute action, bonne ou mauvaise, a un effet. Une bonne action a des conséquences bénéfiques (par exemple si j'aide quelqu'un, quelqu'un m'aidera un jour) et une mauvaise action a des conséquences nocives, soit dans l'immédiat, soit à long terme.

Tout comme la loi de gravité, la loi du *karma* est stricte et inébranlable. Cependant, avec la grâce d'un mahatma, la foi et un peu d'efforts, nous pouvons restructurer notre ADN spirituel et rendre notre destin relativement plus favorable que ce qu'il aurait été, et nous épargner ainsi beaucoup de souffrances.

Au cours d'un des programmes d'Amma dans le Tamil Nadu, un dévot faisait du *seva* (service désintéressé) dans la cuisine. Comme il était en train de verser de l'eau bouillante d'un récipient dans un autre, il a fait un faux mouvement et s'est ébouillanté le bras. Immédiatement, une cloque est apparue. Après avoir reçu les premiers soins, il alla dire à Amma ce qui lui était arrivé. Bien que sur le coup il n'exprimât pas ce qu'il ressentait, il était un peu troublé par cet incident. Il se disait : « Comment une telle chose a-t-elle pu arriver pendant que je faisais du *seva* pour Amma ? »

Une semaine plus tard, après le retour d'Amma à Amritapuri et que le dévot ait repris son travail, j'ai reçu un coup de téléphone de sa femme. Elle était dans un grand désarroi. Il y avait eu une explosion dans l'usine où il travaillait et plusieurs personnes avaient été évacuées à l'hôpital avec de sévères brûlures. Elle avait entendu dire que son mari faisait partie des blessés graves et elle désirait la bénédiction d'Amma pour être sûre qu'il allait se remettre. Mais peu de temps après, elle rappela pour dire qu'en fait, son mari n'était pas à l'usine au moment de l'accident, car il était allé faire une course. C'était un collègue du même nom que l'on avait emmené d'urgence à l'hôpital.

Quelques jours plus tard, le dévot vint en personne exprimer sa gratitude à Amma. Elle l'avait protégé, il n'en doutait pas, et s'il n'était pas à l'usine au moment de l'accident, c'était dû uniquement à la grâce d'Amma.

« Mais pourquoi aurais-tu reçu des brûlures *maintenant* ? » dit Amma d'un ton désinvolte, « Tu ne te rappelles donc pas ce qui est arrivé la semaine dernière ? »

Etonné, le dévot se rendit compte soudain que la blessure légère qu'il avait reçue en travaillant bénévolement pendant le programme d'Amma avait été une bénédiction déguisée. Amma l'avait ainsi aidé à épuiser le *karma* qui sinon, aurait dû porter ses fruits dans l'incendie de l'usine.

A un très jeune âge, ma sœur biologique (*purvashrama*)[1] fut prise de rhumatismes très handicapants. Mes parents

---

[1] Une fois que l'on devient *sannyasi*, on ne désigne plus les membres de sa famille biologique de la manière ordinaire, en disant « ma mère », « ma sœur » etc., parce qu'un *sannyasi* est censé avoir transcendé tous les attachements et les responsabilités envers cette famille. Quand un *sannyasi* parle d'un membre de sa famille biologique, il fait précéder le terme du mot *purvashrama*, qui veut dire : de l'étape précédente de ma vie. Pour faciliter la lecture, nous avons omis ce mot, excepté quand il est fait mention pour la première fois d'un des membres de ma famille.

(*purvashrama*) consultèrent de nombreux médecins et essayèrent tous les médicaments possibles mais rien ne put la guérir. Ils finirent, comme presque tous les parents dans cette situation en Inde, par aller consulter un astrologue afin de chercher un remède spirituel. Après avoir étudié son horoscope, l'astrologue suggéra de faire plusieurs rituels du feu à grande échelle. Cela impliquait que mes parents payent dix ou douze prêtres et qu'ils offrent de la nourriture à des brahmanes pauvres. Malgré la dépense élevée, ils suivirent les instructions de l'astrologue et en quatre mois environ, ma sœur retrouva la santé. Cependant, dix ans plus tard, les symptômes de la maladie réapparurent. A ce moment-là, mes parents avaient déjà rencontré Amma, mais malgré cela, ils pensaient qu'il leur faudrait avoir recours aux mêmes anciens rituels pour sauver leur fille. La seule différence étant qu'au fil des années, les salaires des prêtres capables d'organiser ces rituels complexes avaient augmenté.

Mais cette fois-là, ma sœur refusa d'y participer. Il lui semblait que la grâce d'Amma suffirait à la guérir. Quand elle parla de ce problème à Amma, celle-ci lui donna un mantra et lui demanda de le réciter chaque matin et soir pendant trente minutes. Elle suivit les instructions d'Amma et au bout de six mois, elle était guérie.

Les Écritures disent qu'il existe trois sortes de *karma* :

Sanchita karma est la totalité des résultats qui proviennent de nos actions dans des vies antérieures. La portion du *sanchita karma* que nous récoltons dans cette vie est appelée *prarabdha karma* et c'est celui qui détermine notre vie actuelle. Le fait que nous soyons homme ou femme, affligé d'une maladie chronique ou robuste comme un cheval, que nous mangions avec des cuillères en argent ou que nous puisions notre nourriture dans les poubelles, et les innombrables autres paramètres de notre vie, sont déterminés par notre *prarabdha karma*. Ce *prarabdha karma* est l'ADN spirituel que nous amenons avec nous à la naissance.

Amma illustre ce facteur en donnant l'exemple de deux jumeaux, conçus ensemble. Il arrive qu'un des jumeaux soit aveugle tandis que l'autre est en parfaite santé. Ce n'est pas un acte délibéré de la part de Dieu, c'est simplement le fruit des actions qu'ils ont accomplies lors de vies antérieures. La naissance d'un tel enfant fait aussi partie du *prarabdha* des parents.

Durant cette vie, non seulement nous épuisons notre *prarabdha karma*, mais nous accomplissons de nombreuses actions nouvelles. Les résultats de ces actes sont ajoutés à notre compte ; on les appelle *agami karma*. Une grande partie de cet *agami karma* sera récolté dans cette vie-ci, le reste viendra s'ajouter au *sanchita karma* après la mort. Quand le *prarabdha karma* est épuisé, le corps meurt.

Après la mort du corps, une autre portion de *sanchita karma* devient le *prarabdha karma* de la vie suivante. Dans cette nouvelle incarnation, nous allons créer plus d'*agami karma* et il nous faudra renaître pour l'épuiser. Ceci est le *samsara*, le cercle des naissances et des morts. Tous les êtres qui demeurent ignorants de leur être véritable sont pris dans ce cycle répétitif.

Amma dit qu'il existe des lois spirituelles subtiles comparables aux lois physiques telles que la loi de la pesanteur ou celle de la flottabilité. La loi du *karma* en est une. Si nous sommes conscients de l'existence de la loi de gravité, nous ferons attention à ne rien laisser tomber. Si nous sommes conscients de l'existence de la loi du *karma*, nous serons attentifs à chacune de nos pensées, de nos paroles et de nos actions. Nous pouvons ainsi restructurer notre ADN et créer un avenir qui soit de plus en plus favorable à notre progrès spirituel.

Quand on réalise le Soi, *l'agami karma* et le *sanchita karma* sont instantanément effacés parce que l'âme libérée prend conscience qu'elle est *l'atman*, le témoin éternel. Même si nous occupons le siège du conducteur, s'il n'y a pas d'essence dans la voiture, nous ne pouvons pas conduire. Mais si nous avons un accident, ce n'est pas l'essence qu'il faut blâmer. Ainsi, le corps, le mental et l'intellect ne peuvent fonctionner qu'en présence de l'*atman*, mais l'*atman* lui-même ne fait rien. L'*atman* n'accomplit jamais aucune action et n'encourt donc aucun *karma*.

Comme un être réalisé est identifié à l'*atman*, quelles que soient les actions qu'il accomplit après la réalisation, elles n'entraînent aucun *karma* pour lui. Après la réalisation, il ne reste que le *prarabdha* attaché à l'existence présente. Quand il est épuisé, le corps tombe de lui-même. Ces âmes libérées ne sont plus soumises au cycle des naissances et des morts.[2]

Même si nous ne réussissons pas à atteindre la libération dans cette vie-ci, nous pouvons au moins éviter d'alourdir notre fardeau de *sanchita karma* en ne créant pas plus d'*agami karma*. Pour cela, il nous faut apprendre à agir sans le sentiment « c'est moi qui agis » (*kartrutva bodham*). Le moyen le plus facile de transcender cette notion, c'est de nous considérer comme un instrument du Divin : tel un stylo dans la main d'un écrivain divin, ou un pinceau dans celle d'un peintre divin, voilà, selon Amma, comment nous devrions nous percevoir.

Tant que nous agissons avec la notion « C'est moi qui agis » ou que nous désirons profiter du fruit de nos efforts, nous continuons à accumuler du *karma*. La chaîne du *karma*, c'est ce qui nous lie au cycle de la naissance et de la mort et nous en rend prisonnier. Par contre, si nos actions sont accomplies comme des offrandes à Dieu, ni elles, ni leurs résultats ne nous enchaîneront car tout Lui appartient. Il est bien sûr impossible de faire du mal aux autres, d'accomplir des actions négatives, et de les justifier en disant : « Ce

---

[2] Elles peuvent toutefois prendre la décision de renaître pour bénir le monde, aider l'humanité souffrante et guider les chercheurs spirituels vers la libération. Amma dit toujours qu'elle est prête à renaître autant de fois que nécessaire pour aider ses enfants.

n'est pas moi qui agis. C'est Dieu qui fait tout. » Les Ecritures de toutes les religions nous exhortent à manifester de l'amour et de la compassion envers autrui et à nous conduire de manière juste et vertueuse. Si nous allons à l'encontre des instructions données par Dieu, inutile de Le blâmer pour ce que nous avons fait.

Amma dit que quand nous réussissons, nous portons le succès à notre crédit. Nous avons vite fait de dire : C'est « moi » qui ai accompli cela, c'est « moi » qui ai réussi. Mais quand nos efforts aboutissent à un échec, même si c'est dû à une erreur de notre part, ce sont les autres que nous montrons du doigt.

Un homme âgé roule sur l'autoroute quand soudain, il entend sonner son portable. C'est sa femme qui l'appelle pour lui dire d'un ton paniqué :

« Henri, je viens juste d'entendre à la radio qu'une voiture roule à contresens sur l'autoroute. Je t'en prie, mon chéri, fais attention !

— Vraiment, je ne sais pas d'où ils tiennent leurs informations, se lamente Henri, mais ce n'est pas une voiture qui roule à contresens, ce sont des centaines ! »

Nous pensons peut-être « Pourquoi devrais-je tout remettre entre les mains de Dieu ? Ce sont mes talents et mes capacités qui m'ont permis de réussir. » Mais c'est exactement cette attitude qui nous lie à nos actions et à leurs résultats.

A l'ashram d'Amma, beaucoup de gens travaillent très dur sans rien attendre en échange. Nous travaillons des heures par jour sans recevoir aucun salaire et nous sommes heureux de pouvoir offrir ce labeur à Amma et au monde. Ces efforts sont certes louables cependant, bien que nous accomplissions notre tâche avec dévouement et amour, certains d'entre nous ont peut-être le sentiment « C'est moi qui ai fait cela ; c'est moi qui ai tant fait pour Amma. » Essayons au contraire de développer l'attitude : « Quoi que je fasse, c'est Dieu qui me donne la force de le faire. »

C'est ainsi que nous pourrons recueillir pleinement les bienfaits de nos actes désintéressés. Plutôt que d'atteindre les mondes célestes, éliminons l'ego et allons au-delà des mérites et des péchés, du ciel et de l'enfer, pour atteindre la pureté intérieure qui est une condition fondamentale à notre libération ultime.

Jadis vivait un empereur bon et puissant du nom de Mahabali. Il avait conquis tous les mondes, y compris les mondes célestes. Son règne était un âge d'or et ses sujets vivaient heureux et satisfaits. Ils n'avaient pas de soucis. Quand Amma parle de son enfance et de la fête d'Onam qui commémore le règne de Mahabali, elle se souvient que les enfants de cinquante ou soixante maisons dans chaque village se rassemblaient, installaient une grande balançoire et chantaient des chants à la mémoire de Mahabali, comme par exemple :

Mavēli nāṭuvāṇīṭuṁ kālaṁ
Mānuṣarellārūm onnupōle

A l'époque où régnait Mahabali,
l'humanité entière vivait dans l'unité.

Mahabali avait fait quantité de bonnes actions et la paix régnait dans son empire ; toutefois, sa réussite le remplissait d'orgueil. Pour lui permettre de corriger cette attitude et d'éliminer cet obstacle sur son chemin spirituel, le dieu Vishnou décida d'intervenir. Il s'incarna sous la forme d'un jeune *brahmachari* appelé Vamana et se rendit au palais de l'empereur. Quand un invité arrive, la tradition hindoue exige qu'il soit honoré comme Dieu Lui-même et qu'il reparte satisfait.

Ainsi, Mahabali accueillit le jeune garçon en lui demandant ce qu'il voulait. Vamana répondit : « Je désire seulement la surface de terrain que je pourrai couvrir en faisant trois pas, afin d'avoir un endroit où faire mes pratiques spirituelles. » Plein de vanité, l'empereur se dit : « Que sont donc trois pas de terre pour moi, qui règne sur de nombreux mondes ? » D'un air condescendant, il déclara : « Est-ce là vraiment tout ce que tu veux ? Je pourrais te donner trois pays ! »

« Non, répliqua Vamana, ces trois pas de terre, c'est tout ce qu'il me faut. »

Secouant la tête avec mépris, Mahabali dit alors : « Eh bien, alors…je te donne ces trois pas de terre, prends-les ! » Et juste à ce moment, le garçon Vamana se mit à grandir, à grandir jusqu'à ce que sa tête puis ses épaules et enfin tout son corps jusqu'aux chevilles, soient passés au-delà des nuages. D'un premier pas, il enjamba toute la Terre, du second il couvrit les mondes célestes. Puis sa voix résonna, venant des cieux comme un grondement : « Votre Majesté, où puis-je faire mon troisième pas ? »

Comprenant qu'il ne pouvait s'agir que d'une incarnation divine, le grand empereur se prosterna en disant : « O Seigneur, daigne poser le pied sur ma tête. »

Ce n'est-là qu'un bref résumé de cette histoire mais il contient de grands enseignements spirituels.

D'un premier pas, Vishnou ôta à Mahabali le monde entier, détruisant ainsi chez l'empereur *mamakara*, la notion du « mien », manifestée sous la forme de son attachement à l'empire.

Mahabali avait accompli des choses merveilleuses. Il était reconnu comme l'un des souverains les plus justes et les plus charitables que le monde ait jamais connu et avait obtenu de grands mérites. Néanmoins, il se considérait comme l'artisan de sa réussite, comme la source de sa puissance, son orgueil était donc immense. Il était lié par ses actions et par leurs conséquences. Tant qu'il gardait cette attitude, il lui fallait renaître pour épuiser le *karma* qu'il créait. Certes, c'était peut-être du bon *karma*, qui lui permettrait de renaître dans les mondes supérieurs, mais il n'était pas pour autant libéré du cycle des renaissances. En faisant le second pas dans les cieux, Vishnou a annulé tous les mérites accumulés par Mahabali, afin que l'empereur n'ait plus à renaître dans les mondes supérieurs, débordants de plaisirs limités et qu'il puisse se fondre directement dans l'infini.

En posant le pied sur la tête du roi pour faire le troisième pas, Vishnou détruisit son ego (*ahamkara.*) Et Mahabali obtint la libération. ❖

Chapitre 11

Du don et du sacrifice de soi

Comme elle va loin, la lumière de cette petite chandelle !
Ainsi brille une bonne action dans un monde ennuyeux.

– William Shakespeare

J'ai entendu récemment l'histoire d'une petite fille atteinte d'une maladie rare et grave. Sa seule chance de survie était de recevoir une transfusion sanguine de son frère âgé de cinq ans qui, l'année précédente, avait tout juste réussi à surmonter la même maladie. Dans ce processus, son corps avait développé les anticorps nécessaires pour combattre le mal.

Le médecin expliqua la situation au petit garçon et lui demanda s'il était prêt à donner son sang pour sauver sa sœur. Le garçon hésita à peine avant de répondre, après avoir respiré profondément : « Oui, si cela peut sauver ma sœur, je le ferai. »

Pendant la transfusion, il était allongé sur le lit près de sa sœur et souriait, comme le reste de la famille, en voyant les joues de la petite fille reprendre des couleurs. Mais peu à peu, le garçon se mit à pâlir et son sourire disparut. Il regarda le médecin et demanda d'une voix tremblante : « Est-ce que je vais mourir tout de suite ? »

L'enfant avait mal compris le docteur ; il avait cru qu'il allait devoir donner *tout* son sang à sa sœur pour la sauver. »

Dans le monde actuel, l'attitude innocente du garçon, prêt à donner sa vie pour sa sœur, est exceptionnelle. Beaucoup de gens font de bonnes actions, mais il est rare de rencontrer quelqu'un qui donne avec un cœur pur.

Quand Amma était jeune, elle vit un jour son frère donner des vêtements à un homme pauvre, mais au lieu de les lui remettre, il les lui lança. Quand les membres de sa famille servaient les plus pauvres (alors considérés comme intouchables) ils déposaient la nourriture par terre puis ils s'en allaient. Ils savaient que pour obtenir la grâce de Dieu, il faut servir les pauvres, mais ils ne comprenaient pas le principe sous-jacent. En voyant Amma laver les pauvres, les nourrir et les réconforter, ils furent au départ choqués et terrifiés. Peu à peu, Amma les amena à comprendre le sens de ces actes de service. Servir les pauvres, c'est servir Dieu, parce que Dieu est en eux, Dieu est partout. Maintenant, les membres de sa famille sont tous des dévots d'Amma, et beaucoup d'entre eux servent bénévolement dans les institutions charitables de l'ashram.

La *Taittiriya Upanishad* nous montre comment accomplir une action charitable avec l'attitude juste, celle qui attirera sur nous le plus de mérite et de grâce.

śraddhayā deyam, aśraddhayā-deyam
śriyā deyam hriyā deyam
bhiyā deyam, saṁvidā deyam

Il faut donner avec foi, jamais sans foi,
Il faut donner en abondance, avec humilité et crainte,
Il faut donner avec compréhension

(I, 11, 5)

Donner avec foi signifie ici avoir foi dans la cause que nous soutenons. Il ne s'agit pas de donner par sentiment d'obligation, mais parce que nous sentons au fond de notre cœur que c'est l'action juste. « Donner avec humilité » signifie que le fait de pouvoir donner ne devrait jamais éveiller en nous l'arrogance. Rappelons-nous toujours que d'autres, plus riches, donnent plus que nous et qu'en réalité, tout appartient à Dieu. L'occasion de servir autrui est un don précieux qui vient de Dieu. Malgré tout ce qu'Amma a fait pour le monde, elle dit humblement : « C'est Dieu seul qui fait cela, je ne fais rien. Si Dieu m'en donne la force, je peux agir. »

Que signifie : « Donner avec crainte » ? Soyons toujours sur nos gardes vis à vis de l'ego. Si nous faisons une bonne action, nous avons tendance à être fiers de nous, ce qui renforce notre ego. Et ainsi, cela même qui était destiné à affaiblir et finalement à éliminer l'ego le fait grandir et le renforce.

Samvida deyam peut être interprété de différentes manières. Cela signifie qu'en utilisant notre discernement, nous nous assurons que notre don va à une personne qui en a vraiment besoin et qui en fera bon usage. Cela peut aussi signifier donner avec *jnana*, c'est-à-dire en sachant que tous les êtres de l'univers sont des formes de la même essence divine et que quand nous aidons quelqu'un, nous servons Dieu.

Notre conception ordinaire de la charité et du sacrifice est en fait déformée. Nous faisons nos soi-disant sacrifices à regret, en pensant : « Oh, non, il faut *encore*, que je renonce à quelque chose ! » Mais l'origine du mot sacrifice, même en anglais, n'a rien à voir avec cela. Ce mot vient du latin *sacrificium*, qui signifie « rendre sacré. » C'est exactement l'idée du sacrifice : tout ce qui est offert à Dieu devient sacré et nous revient sous la forme de *prasad*[1].

Dans la Bhagavad Gita (III, 15) Sri Krishna dit à Arjuna que le sacrifice fait partie intégrante de la création. C'est que nous sacrifions toujours une chose à une autre. La question est simplement de savoir si nous sacrifions le plus bas au plus élevé ou vice versa. Chaque jour, dans le temple de notre vie, nous sommes le grand prêtre qui offre chaque pensée, chaque mot et chaque action sur l'autel d'un but ou d'un désir, quels qu'ils soient. Selon Amma, nous sacrifions malheureusement trop souvent le plus noble au

---

[1] Toute chose qui a été bénie par un Satguru ou par Dieu est appelée prasad.

plus bas. Nous sacrifions nos qualités humaines pour obtenir des gains et des plaisirs éphémères, et nous perdons ainsi l'occasion d'atteindre la paix intérieure.

Un homme aborda un jour un *sannyasi* en joignant les mains : « O Swamiji, je vous présente tous mes respects, car vous avez accompli de grands sacrifices. »

Le *sannyasi* répliqua : « En fait, c'est moi qui devrais me prosterner devant vous, car votre sacrifice est plus grand que le mien. »

Interloqué, l'homme demanda : « Comment pouvez-vous dire cela, Swamiji ? J'habite une maison confortable avec ma famille et je peux facilement acquérir tout ce que je désire.

– Il est vrai que j'ai renoncé aux plaisirs de ce monde, mais c'est pour obtenir la paix éternelle, tandis que vous avez sciemment échangé votre paix intérieure pour les problèmes et les souffrances de la vie dans le monde. Alors dites-moi, qui de nous deux a fait le plus grand sacrifice ? »

Si nous observons de près Amma et suivons son exemple, nous pouvons apprendre comment sacrifier le plus bas au plus noble, au lieu de faire le contraire.

Il y a quelques années, pendant le programme de Chennai (Madras), un lépreux est venu au *darshan* d'Amma. Amma l'a pris dans ses bras et après ce *darshan*, quelqu'un qui en avait été témoin lui a demandé comment elle avait pu prendre un tel risque. « Jamais je ne pourrais même penser à faire une chose pareille, » a confessé la personne.

« Quand je suis confrontée à une telle situation, a répondu Amma, je me demande : « Est-ce que je vis pour moi-même ou bien pour le monde ? Si je vis pour moi-même, je ne dois pas le faire. Mais je vis pour le monde, alors c'est mon devoir. » (Bien sûr, Amma n'a jamais ce genre de doutes, mais elle explique les choses de cette façon pour nous donner un exemple auquel nous puissions nous identifier.) Telle est la force de la conviction inébranlable d'Amma : faire passer les besoins des autres avant les siens, c'est cela qui compte.

Je me rappelle une autre conversation qui s'est déroulée il y quelques années en Inde, à l'ashram. Swami Jnanamritananda Puri fut tout d'abord nommé responsable de l'imprimerie, puis aussi du magazine *Matruvani* qui paraît chaque mois. Puis Amma lui a demandé en outre de s'occuper des écoles pendant quelque temps, de quelques unes des nouvelles œuvres caritatives et sa charge de travail n'a cessé d'augmenter jusqu'à aujourd'hui.

Il acceptait volontiers tout ce travail mais gérer ainsi les différentes œuvres impliquait que son attention soit dirigée vers l'extérieur pendant une grande partie de la journée, alors qu'il éprouvait un fort désir de retirer complètement son attention du monde. Quand il a eu l'occasion de parler avec Amma, il lui a confié : « J'ai vraiment envie de laisser tout tomber pendant un moment, d'aller dans un lieu isolé et de me plonger en méditation. »

A ces paroles, le visage d'Amma s'est éclairé et elle a répondu : « Tu sais, c'est exactement ce que j'ai parfois envie de faire, moi aussi ! Mais j'ai offert cette vie au monde il y a bien longtemps, alors mes désirs personnels n'ont plus d'importance. Il n'y a plus de « je » qui pourrait lâcher le travail ou s'asseoir dans un lieu isolé. Tout est pour le bien du monde. »

Amma, avec compassion, s'est identifiée aux sentiments du swami, mais elle lui a aussi montré comment les dépasser. Depuis cette conversation, il ressent un nouvel élan d'enthousiasme qui lui permet de remplir ses devoirs dans une attitude d'abandon de lui-même.

Amma apprécie beaucoup les sacrifices accomplis par ses enfants pour le bien du monde. « Nous devrions écrire un livre sur chacun, a-t-elle dit un jour, il faudrait faire aussi un documentaire sur les disciples et les dévots d'Amma en Inde et à l'étranger qui travaillent infatigablement à servir autrui. Ce documentaire serait une source d'inspiration pour les générations futures. »

« Nous devrions, dit-elle, ressembler à des bougies qui donnent de la lumière au monde tout en se consumant. » Quand une chandelle brûle, elle ne se fond pas dans le néant, elle alimente la flamme. Sans la cire fondue, il n'y aurait pas de flamme. La cire passe à l'état liquide et dans cet état plus subtil, elle devient une partie de la flamme. Si la fonction de la bougie est de se fondre dans la flamme, celle du mental, à son point culminant, c'est de se fondre en Dieu.

Les vrais chercheurs spirituels désirent servir autrui en se sacrifiant, dit-elle encore. Leur but est d'avoir un mental qui donne de la joie aux autres en oubliant ses propres difficultés. C'est ce qu'ils demandent dans leurs prières. Amma attend la venue de tels êtres. La Libération ira à leur recherche et deviendra leur servante ».

Pour connaître le véritable sens du mot sacrifice, inutile de chercher plus loin qu'Amma. Amma est l'étoile polaire du sacrifice et du service ; elle nous indique à la fois la direction et le but. En matière de dévouement, elle a établi un record qui ne pourra jamais être dépassé : elle travaille vingt-quatre heures par jour. A moins d'inventer un jour plus long, il est impossible de faire plus qu'elle pour améliorer le sort du monde. Jamais nous ne pourrons atteindre le niveau de son exemple, mais il peut être le phare qui nous guide.

Une nuit, un des *brahmacharis* est passé devant la chambre d'Amma vers trois heures trente du matin et il a remarqué une lueur qui émanait d'un coin de la chambre. Le lendemain, il a interrogé la personne qui sert Amma ; celle-ci lui a confessé qu'Amma avait passé toute la nuit à lire des lettres de dévots du monde entier. Comme les swamis avaient manifesté de l'inquiétude, trouvant qu'Amma se couchait trop tard et n'avait pas assez de sommeil, elle avait lu ses lettres à la lampe de poche pour éviter d'allumer la lumière et de leur indiquer qu'elle veillait.

Amma donne toujours priorité au bonheur des dévots, même aux dépens de sa santé et de son confort.

Au cours d'une tournée en Inde, Amma avait promis de se rendre chez des dévots après un programme de *darshan*. Comme la foule était plus importante que prévue, elle est arrivée avec plusieurs heures de retard et ses hôtes ont dû l'attendre longtemps. Avec beaucoup d'amour, ils avaient préparé un repas spécial et attendaient avec ferveur de la voir goûter les plats. Amma arriva enfin, accomplit une courte *puja* (rituel d'adoration) dans le sanctuaire familial puis se rendit dans la salle à manger pour distribuer le *prasad*. Les dévots avaient mis les aliments préparés pour Amma dans un récipient spécial, mais en l'ouvrant pour servir Amma, un des *brahmacharis* a vu qu'ils étaient gâtés. Il a murmuré : « Amma, cette nourriture est avariée, ne la mange pas ! »

D'un geste, elle lui signifia de se taire et se mit à manger avec délices, sachant fort bien que la nourriture était tournée et risquait de la rendre malade. Elle prit quelques cuillerées, puis ferma le couvercle et dit : « Amma aime beaucoup ce plat, elle va emporter le reste pour le manger plus tard. » Puis elle distribua en *prasad* la nourriture qui avait été préparée pour les Swamis et qui elle, n'était pas gâtée. Une fois montée dans la voiture, Amma dit ensuite : il est vrai que la nourriture était avariée, mais si les hôtes s'en étaient aperçu, ils auraient été affreusement tristes. Amma l'a emportée pour que personne ne tombe malade en la mangeant. »

En mai 2006 elle a reçu le Prix interconfessionnel James Park Morton au Centre Interreligieux de New York. Lors de la cérémonie de remise du prix, Amma devait faire un discours sur le thème de la compréhension et de la collaboration entre les religions.

Avant de quitter l'ashram en Inde, elle a tenu une session de questions-réponses avec les résidents de l'ashram à qui elle donne régulièrement la possibilité d'éclaircir leurs doutes et de recevoir ses conseils. Ce jour-là, les résidents de l'ashram n'avaient qu'une question. Ils voulaient qu'Amma leur parle du prix qu'elle allait recevoir à New York. La réponse qu'elle a faite est révélatrice de sa vision de la vie. « Amma n'a pas eu une pensée pour le prix. Amma ne va pas à New York pour recevoir un prix mais parce que le Centre Interreligieux lui a demandé de faire un discours. Le plus grand prix qu'Amma puisse recevoir, a-t-elle ajouté, c'est le bonheur de ses enfants. Amma n'en désire aucun autre. »

Pour la plupart des résidents de l'ashram, l'important était le prix qu'elle allait recevoir à New York. Pour elle, seul comptait ce qu'elle allait donner. Ce désir de donner, c'est toute la vie d'Amma. « La plupart des gens ne songent qu'à ce qu'ils peuvent obtenir du monde, dit-elle, mais en réalité, c'est ce que nous sommes capables de donner qui détermine la qualité de notre vie. » ❊

Chapitre 12

De la colère à la compassion

Etre en colère une minute, c'est renoncer à soixante secondes de paix intérieure.

– Ralph Waldo Emerson

C omme chaque année, en février-mars de l'année 2006, Amma a fait le tour de l'Inde, du Sud au Nord et donné des programmes dans dix-sept villes. Inutile de dire que n'importe qui, à la place d'Amma, aurait pris l'avion entre les étapes et employé le reste du temps à rattraper le manque de sommeil. Avec les années, les foules ont beaucoup augmenté, il y a parfois près de cent mille personnes et une fois le programme terminé, il reste peu de temps pour voyager. Malgré tout, Amma a insisté pour prendre la route cette année encore, uniquement pour accorder un peu de temps aux résidents de l'ashram et aux dévots qui l'accompagnent en tournée. Certaines de ces étapes redoutables ont pris vingt-quatre heures ou plus ; l'état des routes est parfois si déplorable qu'on a l'impression qu'il serait plus rapide de voyager à pied.

Au début d'un trajet qui s'annonçait particulièrement long et pénible, Amma a annoncé qu'elle voulait se rendre chez un dévot, ce qui impliquait un détour de plus d'une heure. Sachant qu'Amma ne s'était pas reposée depuis vingt-quatre heures, sans même parler de dormir, un certain nombre de *brahmacharis* ont essayé de la dissuader de faire cette visite. En voyant qu'elle restait inébranlable, certains ont ressenti de la colère envers l'homme qui avait invité Amma. Ils avaient le sentiment que c'était de l'égoïsme, et qu'il ne se souciait pas de son repos.

En arrivant chez les dévots, elle est allée s'asseoir devant l'autel familial et a effectué une *puja*, puis elle a chanté un *bhajan*. Plus elle prenait de temps, plus les *brahmacharis* étaient en colère contre leur hôte. Le rituel d'adoration terminé, elle est alors allée dans une chambre pour parler en privé avec ce couple. Quelques *brahmacharis* l'ont suivie. Une fois dans la pièce, leur colère a disparu instantanément.

Un garçon âgé d'une dizaine d'années était allongé sur le lit, le corps terriblement déformé. Sa tête était difforme et gigantesque, disproportionnée par rapport à son corps. Ses membres n'avaient que la peau et les os, sans muscles ni graisse, les mains recroquevillées au point d'être inutiles. Ses yeux qui vagabondaient n'étaient qu'une fente, mais de toute façon, sans la maîtrise de la tête, de la nuque ou de la direction de son regard, ils n'étaient pas d'une grande utilité. Son existence entière semblait un calvaire. Sa mère s'est agenouillée près de lui et lui a pris la tête dans ses bras. Le garçon s'est mis à crier. Il ne pouvait absolument pas lever la tête tout seul et même avec de l'aide, c'était visiblement un supplice ; il était clair que ses parents n'auraient jamais pu le transporter hors de la maison, pas même pour recevoir le *darshan* d'Amma.

Il n'y avait plus un œil sec dans la pièce : la mère, le père, Amma elle-même et les *brahmacharis* qui ressentaient auparavant tant de colère n'ont pu retenir leurs larmes quand Amma a pris cet enfant dans ses bras, lui a caressé la poitrine et embrassé le front. La souffrance de cet enfant se reflétait dans la profonde sollicitude et l'empathie qui se lisaient dans les yeux d'Amma.

« Pendant les trois années écoulées, j'ai prié pour qu'Amma vienne et bénisse mon enfant », avoua le père, les joues sillonnées de larmes.

« C'est seulement quand nous nous mettons à leur place et essayons de comprendre leurs problèmes et leur situation que nous ressentons de l'amour et de la compassion envers les gens », dit souvent Amma. « La colère se transforme en compassion quand nous comprenons correctement la situation. » Un *satguru* ne dispense pas son enseignement uniquement par des paroles. Il crée des situations pour que ses disciples comprennent la vérité des paroles du maître au plus profond de leur cœur. De telles expériences sont inoubliables.

Amma dit que, quand nous voyons quelqu'un commettre une erreur, au lieu de le juger ou de nous préparer à le punir, nous devons essayer d'examiner la situation de son point de vue et essayer de comprendre pourquoi il a agi ainsi. Amma raconte l'histoire suivante.

Une femme entre un jour dans un parc avec ses deux enfants. Elle laisse les enfants jouer et s'assied seule sur un banc. Les enfants, ravis, se mettent à courir en faisant beaucoup de bruit. Un homme qui se trouve aussi dans le parc, est contrarié par leur comportement. « Madame, vos enfants dérangent ceux d'entre nous qui viennent chercher ici un peu de paix et de tranquillité. Pourquoi ne veillez-vous pas à ce qu'ils se conduisent correctement ? »

La femme ne répond pas, elle reste assise sans rien dire, le visage entre les mains. Légèrement surpris, l'homme lui demande si elle se sent bien. Elle finit par lever la tête ; il voit que des larmes roulent sur ses joues.

« Mon mari, le père de mes enfants, vient de mourir dans un accident alors qu'il était en voyage à l'étranger. Je ne sais pas comment annoncer la nouvelle à mes enfants ni comment les consoler. Je suis venue ici pour rassembler mes idées et essayer de trouver un moyen de leur expliquer ce qui est arrivé. » L'homme a alors honte de ses paroles trop vives et s'excuse auprès d'elle de l'incompréhension qu'il a manifestée. Le cœur débordant de sympathie, il manifeste autant de gentillesse qu'il le peut envers la veuve et ses enfants et s'efforce de leur rendre service. Pour lui laisser un peu plus de temps, il emmène même les enfants manger des glaces avant de les reconduire chez eux.

La colère n'est pas une action, mais une réaction. Il n'est pas difficile de s'abstenir d'une action, mais beaucoup plus de surmonter ses réactions ; cela exige un niveau de vigilance élevé. Si vous êtes de l'autre côté de la pièce et que je vous demande d'approcher, vous avez le choix : approcher, ne pas approcher ou même partir. Quelle que soit l'action, nous avons trois options : l'accomplir, ne pas l'accomplir ou faire le contraire. Mais il n'en va pas de même avec les réactions. Sans un niveau de vigilance élevé, il nous est impossible de choisir notre manière de réagir à une situation. Si par exemple je vous demande poliment de vous mettre en colère contre moi, vous n'y parviendrez pas. Si, en revanche, je crie ou vous gronde pour une faute que vous n'avez pas commise, dans la plupart des cas il vous sera impossible de ne *pas* vous mettre en colère. C'est que la colère n'est pas une action volontaire, mais une réaction. Elle se produit presque automatiquement. Notre marge de manœuvre pour l'éviter est très réduite. Les pratiques spirituelles nous aident à augmenter cette marge de manœuvre. Grâce à elles, notre pouvoir de concentration augmente ce qui nous permet d'être plus conscients de ce qui arrive, à la fois en nous et dans le monde qui nous entoure. Un expert en arts martiaux est capable de vaincre facilement ses ennemis parce que, du point de vue de sa vigilance extrême, leurs mouvements semblent très lents. Ainsi, après avoir médité régulièrement et fait d'autres pratiques spirituelles pendant une longue durée, nous constatons que notre vigilance augmente. Nous sommes conscients des premiers signes de négativité qui se lèvent en nous et nous pouvons utiliser notre discernement pour éviter de parler ou d'agir à partir de ces sentiments négatifs.

Il y a quelques années, j'étais près d'Amma quand une femme âgée est venue au *darshan*. Il y avait énormément de monde ce jour-là, et Amma allait très vite. Après son *darshan*, cette vieille femme a eu des difficultés à se relever et laisser la place à la personne suivante. Afin d'éviter de faire attendre Amma, j'ai essayé d'aider cette femme, mais dans mon impatience, je me suis montré un peu brusque avec elle. Amma a arrêté ce qu'elle était en train de faire et m'a regardé en demandant : « Aurais-tu fait la même chose s'il s'était agi de ta grand-mère ? » Je n'ai rien répondu, j'ai baissé la tête, honteux.

Et enfin, Amma dit que si nous sommes en colère, nous devons nous rappeler que le Soi en nous est le même que le Soi en l'autre personne. S'il en est ainsi, qui peut se mettre en colère contre qui ?

L'Isavasya Upanishad dit :

Yastu sarvāni bhutānyātmanyeva anupasyati
Sarvabhutesu cātmanam tato na vijugupsate

Celui qui voit tous les êtres dans son propre Soi
Et son propre Soi en tous les êtres,
Grâce à cette réalisation,
Celui-là ne peut ressentir de la haine.

Yasmin sarvāni bhutānyātmaivā bhudvijānataḥ
Tatra ko mohaḥ kaḥ soka ekatvamanupasytaḥ

Celui qui sait par expérience que tous les êtres
Ne font qu'un avec son propre Soi
Celui qui a vu l'unité de l'existence,
Quel chagrin ou quelle illusion pourrait s'emparer de lui ?

(VI, 7)

L'événement suivant s'est passé pendant l'une des tournées en Inde, dans une ville où Amma se rendait pour la première fois. Certes, ce n'était pas la première fois que plus de cent mille personnes venaient voir Amma, mais la nouveauté, c'est qu'elles ont toutes essayé de venir au *darshan* en même temps !

Pendant tout le *darshan*, les *brahmacharis* et les dévots qui voyageaient avec Amma ont dû former un cordon de sécurité autour de la scène pour éviter que la foule ne s'y rue. La situation était si critique que le *satsang* d'Amma et les *bhajans* ont été retardés d'une demi- heure parce que personne ne voulait descendre de la scène. Amma elle-même a dû interrompre le *darshan* et se lever pour parler au micro, dire aux gens de ne pas s'inquiéter, qu'elle allait donner le *darshan* à tous, qu'ils devaient être patients et ne pas pousser. Elle déclara plus tard n'avoir jamais rien vu de pareil depuis trente-cinq ans qu'elle donne le *darshan* !

En route vers le programme suivant à Jaipur, il y eut une discussion au sujet du *darshan* de la veille à Indore. Une femme dit qu'à un moment, elle avait retenu un homme par le col de sa chemise pour l'empêcher de monter sur la scène, et que le morceau de chemise lui était resté dans la main !

La situation à Indore avait été si explosive que beaucoup de gens ont dit à Amma qu'elle ne devrait plus jamais retourner dans cette ville. Un *brahmachari* déclara qu'il avait une suggestion pour le développement spirituel de ses habitants : « Amma, je crois que la voie idéale pour eux, c'est la voie de la dévotion, dit-il, exactement comme les *gopis* (bergères de Vrindavan), ils devraient passer toute leur vie à attendre avec nostalgie le retour du Seigneur…mais en vain ! »

Amma rit, mais indiqua clairement qu'elle était d'un autre avis. « Ils avaient de la dévotion, mais pas de connaissance, dit-elle ; là où règnent les ténèbres, il faut plus de lumière. Nous devrions au contraire retourner plus souvent dans cette ville ! »

Les dévots qui voyageaient avec Amma n'avaient su que critiquer le comportement des habitants de cette ville, mais Amma était capable de se mettre à leur place et de comprendre leur attitude.

Selon Amma, la colère est une infirmité. Une personne handicapée physiquement se déplace avec difficulté, une personne coléreuse, elle, est également privée de liberté dans ses relations avec les autres. Sa colère explose inévitablement et empoisonne la relation. Et certains invalides sont dans une colère permanente, parfois si violente qu'elle les empêche d'accomplir ce qu'ils auraient pu faire malgré leur handicap. Dans l'impossibilité de rendre quelqu'un responsable de leur souffrance, ils se mettent en colère contre Dieu. Ils sont donc doublement infirmes : à cause de leur handicap physique et à cause de leur colère. Un garçon qui habite à l'ashram maintenant est né malentendant et souffre d'une maladie de cœur qui a rendu sa scolarité très difficile. Ses résultats scolaires ont toujours été très mauvais, bien qu'il ait reçu toute l'aide possible, entre autres des cours particuliers. Sa famille et ses professeurs ont simplement pensé qu'il n'était pas très intelligent. En réalité, il était rempli de colère, n'acceptait pas les infirmités avec lesquelles il était né et il n'avait pas envie de faire les efforts nécessaires pour réussir. Il avait onze ans quand sa famille a rencontré Amma et décidé ensuite de venir vivre à l'ashram. Amma lui a témoigné beaucoup d'amour et d'encouragements, elle l'a aidé à retrouver la foi en Dieu. Touché par tout ce qu'Amma avait fait pour lui, touché de la voir travailler aussi dur pour donner le bonheur aux autres, il est allé la voir pour lui demander s'il pouvait lui aussi faire du *seva* à l'ashram. Amma lui a demandé d'aider le *brahmachari* qui s'occupe du fax et de la photocopie. Comme c'était Amma elle-même qui le lui avait demandé, il a pris ce travail à cœur et étudié avec beaucoup de sérieux le fonctionnement des machines et des programmes. Et voilà que maintenant, il en sait même plus que le *brahmachari* qui dirige ce service ! C'est à ce jeune homme très doué qu'il confie les travaux les plus compliqués. Par son travail, ce garçon s'est trouvé en contact avec beaucoup de visiteurs étrangers qui viennent à l'ashram et il a appris suffisamment d'anglais pour se débrouiller.

Amma raconte l'histoire suivante.

Il était une fois une petite fille paralysée des jambes, et destinée à passer le reste de sa vie dans une chaise roulante. Chaque jour, elle regardait les enfants qui s'amusaient sur le terrain de jeux, près de chez elle, triste de ne pas pouvoir participer à leurs jeux.

Un jour, alors qu'elle regardait par la fenêtre, il se mit à pleuvoir tandis que le soleil brillait encore. Un magnifique arc-en-ciel apparut. La petite fille était si heureuse, qu'elle en oublia sa tristesse et sa souffrance. Mais au bout de quelque temps, l'arc-en-ciel s'évanouit et son chagrin revint. Elle espérait seulement que l'arc-en-ciel allait réapparaître bientôt.

Chaque jour elle regardait le ciel avec espoir, mais en vain. Elle finit par demander à sa mère : « Maman, quand pourrai-je de nouveau voir l'arc-en-ciel ? »

La mère la consola en disant : « Mon enfant, quand la pluie et le soleil coïncideront, l'arc-en-ciel reviendra. » La petite fille attendait avec impatience.

Ainsi, elle oublia beaucoup de sa douleur et de sa souffrance. Elle voyait toujours les enfants jouer près de sa maison, mais elle ne s'attristait plus de son infirmité ; elle attendait avec espoir le moment où le bel arc-en-ciel reviendrait.

Le jour arriva enfin où il plut pendant que le soleil brillait et l'arc-en-ciel réapparut. Exultant de joie, la petite fille voulait se rapprocher le plus possible de l'arc-en-ciel et elle insista pour que sa mère la conduise plus près. Sa mère savait qu'il allait bientôt disparaître, mais elle ne voulait pas décevoir sa fille. Alors elles prirent la voiture et la mère finit par s'arrêter en disant : « Arrê-tons-nous là. D'ici, nous avons une vue magnifique. »

La petite fille contempla l'arc-en-ciel, en extase. D'une voix douce et tendre, elle lui demanda : « Oh ! Arc-en-ciel, comment es-tu devenu si beau ? »

L'arc-en-ciel répondit : « Autrefois, j'étais triste comme toi. Mon cœur saignait en voyant toutes les scènes de fête qui m'entou-raient, et en sachant que ma durée de vie est si courte. Mais un jour j'ai pensé : Pourquoi être malheureux ? Pourquoi être triste ? Même si je n'apparais que quelques secondes, je peux rendre les autres heureux pendant ce peu de temps. Je veux oublier ma tristesse et apporter de la joie aux autres. Du moment où j'ai eu cette pensée, je me suis mis à embellir. C'est l'idée de rendre les autres heureux qui m'a donné toutes ces couleurs. »

Tout en parlant, l'arc en ciel s'évanouissait peu à peu. Quand il eut complètement disparu, la petite fille décida : « Comme l'arc-en-ciel, au lieu de gémir sur mon sort, moi aussi, je veux essayer de rendre les autres heureux. »

Nous avons peut-être d'innombrables raisons d'être tristes, contrariés, déprimés. Au lieu de ruminer nos problèmes, pensons à ce que nous pouvons offrir au monde. Si nous avons l'attitude juste et la grâce d'un vrai maître comme Amma, nous pouvons transformer nos défauts tels que la colère, le ressentiment et la haine, en amour et en compassion. ❖

Chapitre 13

Le plus grand des miracles, c'est de transformer les cœurs

« Dieu crée à partir de rien. Merveilleux, direz-vous. Certes, cela ne fait aucun doute, mais Il fait une chose encore plus extraordinaire : Il transforme les pécheurs en saints. »

– Søren Kierkegaard

Avant de venir vivre auprès d'Amma, il y a une foule de choses que nous n'aurions pas songé un seul instant à faire. Habituellement, dans un foyer indien, la mère n'autorise pas les fils à faire du travail domestique. Jamais nous n'aurions imaginé que nous porterions des sacs de sable au milieu de la nuit, que nous nettoierions des toilettes utilisées par des centaines de gens ou que nous nous retrouverions jusqu'aux cuisses et les pieds nus dans une fosse sceptique. Avant notre rencontre avec Amma, même pour une fortune, nous aurions refusé de le faire. Et pourtant, voilà que tout à coup nous le faisions avec joie. En présence d'Amma, nous avons tout oublié, nous avons transcendé notre conditionnement antérieur.

Beaucoup de dévots transcendent ainsi leur attachement à la nourriture et aux plaisirs en général pour venir vivre en présence d'Amma. Au départ, c'est peut-être un peu difficile, mais ensuite, ce qui auparavant leur aurait posé de gros problèmes ne les affecte pas le moins du monde. Je me rappelle d'un incident qui s'est produit lors d'une tournée en Inde et qui illustre d'une manière spectaculaire ce changement de perspective. Un virus intestinal circulait dans le groupe. Un traitement antibiotique en venait facilement à bout, mais si on ne se soignait pas, on avait une terrible diarrhée. Un homme atteint de ce virus n'est pas allé consulter le docteur en se disant que son état allait s'améliorer. Mais pendant le voyage en bus qui a suivi, alors qu'il sortait du bus pour aller aux toilettes, il a perdu le contrôle de ses intestins. Inutile de dire qu'il était très embarrassé, mais ses compagnons de bus ont fait preuve d'une grande compassion. Quelques uns l'ont emmené dans un coin discret pour qu'il puisse se nettoyer et le reste des passagers est sorti du bus. On aurait pu s'attendre à ce qu'une dispute s'ensuive : « Qui va nettoyer ? » Le chauffeur du bus ? Il aurait préféré démissionner plutôt que d'entreprendre une tâche aussi répugnante. Alors qui ? Fallait-il jouer à pile ou face, tirer à la courte paille ou appeler un service de nettoyage ?

Il y eut bien une discussion, mais comme le bus transportait les enfants d'Amma, elle prit une tournure fort différente. Tout le monde insistait pour monter seul dans le bus et nettoyer. Tous les passagers étaient si empressés à servir qu'ils se bousculaient et pour finir, ce fut un effort commun auquel ils participèrent presque tous. Ils apportèrent des seaux d'eau, tirés d'un puits avoisinant, savonnèrent, frottèrent et finalement séchèrent le sol du bus. A la fin, le bus était plus propre qu'il ne l'avait été au départ, et le cœur et l'esprit des passagers aussi.

Certes, dans la plupart des cas, une telle transformation ne se produit pas en une nuit. Amma raconte que bien souvent, quand quelqu'un vient vivre à l'ashram comme *brahmachari* ou *brahmacharini*, il s'attend à se voir confier un travail qui lui plaît. Amma raconte l'histoire suivante.

Un homme vient trouver un *guru* et l'implore les mains jointes en proclamant qu'il en a assez du monde et qu'il veut passer le reste de ses jours à le servir.

« Ah, vraiment ? dit le guru, de quelle manière aimeriez-vous me servir ?

—Si vous le permettez, répond l'homme, j'aimerais être votre conseiller. »

Amma peut très bien envoyer une personne qui a fait de hautes études à l'étable, pour pelleter de la bouse, laver et nourrir les vaches. Amma dit que le travail confié par le *guru* est fait pour nous permettre d'aller au-delà de l'attraction et de la répulsion. Et pour cela, le *guru* va nous confier une tâche que nous n'aurions jamais choisie nous-mêmes, il le sait bien.

Dans les premières années que j'ai passées en tant que *brahmachari*, alors que je résidais déjà à l'ashram, Amma m'a demandé de continuer mon travail à la banque. Quand elle m'a finalement autorisé à donner ma démission, j'en ai été très heureux car je pensais que j'allais pouvoir désormais faire plus de pratiques spirituelles, comme les autres *brahmacharis*. C'est à ce moment-là que quelqu'un a fait don à l'ashram d'un véhicule, et Amma m'a choisi comme chauffeur car, à l'époque, j'étais le seul résident à posséder le permis de conduire. J'étais heureux de conduire Amma et les *brahmacharis* partout où ils allaient donner des programmes. Mais en même temps, elle me demandait de faire les achats de nourriture et d'autres produits nécessaires pour l'ashram, ce qui impliquait d'aller en courses presque quotidiennement. Adieu mes rêves de pratiques spirituelles ininterrompues, adieu longues heures de méditation profonde. Bien entendu, je participais à la plupart des activités spirituelles quotidiennes de l'ashram, la récitation des mantras, la méditation, l'étude des Ecritures et les chants dévotionnels. Je désirais simplement faire plus que le nombre d'heures prescrit pour ces pratiques, mais pendant que je conduisais, je ne pouvais rien faire d'autre que répéter le mantra donné par Amma.

Quelques années plus tard, plusieurs autres *brahmacharis* obtinrent leur permis de conduire. Je pus déposer ma casquette de chauffeur et je me réjouissais là encore, en pensant que j'aurais la possibilité de m'intérioriser davantage. A l'époque, Amma avait déjà commencé à faire le tour du monde et des dévots de nombreux pays venaient à l'ashram. C'est alors qu'elle m'a demandé d'accueillir les visiteurs étrangers et de parler avec eux. Elle me dit de passer au moins cinq heures chaque jour à parler avec les visiteurs et à leur proposer de l'aide.

« Amma, j'avais le projet de consacrer plus de temps à méditer et à faire d'autres pratiques spirituelles, puisque je n'avais plus à faire le chauffeur, mais voilà que tu me demandes de passer cinq heures par jour à parler aux gens, alors qu'en est-il de ma *sadhana* (pratiques spirituelles) ? lui ai-je dit.

– C'est cela, ta *sadhana*, a-t-elle répliqué. »

Au départ, j'étais un peu hésitant, mais j'ai découvert que les dévots ne souhaitaient parler que d'une chose : d'Amma. Voilà qui m'a aidé à rester concentré sur Amma toute la journée. Vous avez peut-être entendu parler de la marche méditative, mais les instructions que j'avais reçues d'Amma constituaient une nouvelle forme de méditation : la conversation méditative.

Et ainsi, tout ce que le *guru* nous demande de faire devient notre *sadhana* et le simple fait de suivre les instructions du *guru* avec sincérité et dévouement est aussi bénéfique que les autres pratiques spirituelles.

Pendant de nombreuses années, j'ai fait l'*arati*[1] à Amma au début du *Dévi Bhava darshan* pendant les tournées à l'étranger. Un jour, Amma a déclaré que certains étaient contrariés par le

---

[1] L'*arati* est généralement accompli à la fin d'un rituel d'adoration. Cette cérémonie consiste à brûler du camphre devant l'objet que l'on vénère. L'*arati* symbolise l'abandon à Dieu. Le camphre brûle sans laisser de trace ; ainsi l'ego se dissout complètement dans le processus qui consiste à s'abandonner au *guru*, à Dieu.

fait que ce soit toujours un swami qui fasse l'*arati* et jamais une swamini ou une *brahmacharini*. Pour respecter leur point de vue, elle a annoncé que désormais, Swamini Krishnamrita Prana devait faire l'*arati* au début du Dévi Bhava.

Comme j'aimais vraiment beaucoup faire l'*arati* à Amma, je fus un peu déçu de perdre ma position. J'ai bien sûr accepté les instructions d'Amma dans un état d'esprit positif en me rappelant qu'obéir aux ordres d'un vrai maître, qu'ils nous plaisent ou non, est toujours bénéfique.

Amma dit que si nous allons voir un bon docteur avec une blessure infectée, il doit faire sortir le pus. C'est douloureux, mais c'est pour notre bien. Même si nous crions de douleur, un bon médecin va continuer à drainer le pus parce qu'il sait que sinon, notre état va empirer et poser un sérieux problème.

A l'origine, nous sommes venus voir Amma parce que nous souffrons tous de la maladie du *samsara*. Quand nous venons à elle dans l'intention de réaliser notre propre Soi, son devoir est d'enlever la négativité qui est en nous. Ce processus est naturellement douloureux ; Amma dit parfois quelque chose qui blesse notre ego ou bien elle nous demande de faire le contraire de ce que nous voulons. Il s'agit pourtant de ne pas résister à de telles situations, d'accepter au contraire le traitement d'Amma en sachant qu'il va nous rendre meilleur. Au travail, nous sommes confrontés à de telles situations, alors même que notre patron n'est peut-être pas ouvert à la spiritualité et qu'il y a fort peu de chances pour qu'il répande sur nous la grâce divine. Alors pourquoi ne pas joyeusement laisser faire Amma ? Le vrai maître ne nous demandera jamais de faire quoi que ce soit qui aille à l'encontre du *dharma* et la récompense sera plus grande que celle que nous recevons au bureau. Le seul but d'Amma est de faire émerger le Divin en nous.

En ce qui concerne la meilleure manière d'accepter la discipline du maître, Amma raconte une histoire qui met en scène Sri Rama et son disciple bien-aimé Hanuman.

Le sage Vishvamithra ordonna un jour à Sri Rama de tuer un roi qui l'avait offensé par inadvertance. Le roi était un homme juste et l'ordre de Vishvamithra ne réjouissait pas Sri Rama mais comme il s'agissait de son *guru*, il ne pouvait pas lui désobéir.

Il se mit donc en route pour satisfaire la demande du sage. Quand le roi menacé apprit la nouvelle, il se précipita chez Anjana Dévi, la mère d'Hanuman, et lui demanda sa protection. Sans savoir de quoi il retournait, elle la lui accorda en disant : « Ne vous inquiétez pas mon Seigneur, mon fils Hanuman vous protègera de tout danger. »

Néanmoins, quand le roi confessa que c'était Sri Rama Lui-même qui voulait le tuer, Anjana Dévi regretta ses paroles, parce qu'elle ne pouvait supporter l'idée que son fils se batte avec le Seigneur Lui-même. Mais Hanuman ne lui permit pas de revenir sur sa parole. « Notre devoir est de protéger toute personne qui vient chercher asile auprès de nous. Je ne permettrai pas que l'on fasse du mal au roi. Notre devoir est d'affronter son ennemi, quel qu'il soit » dit-il à sa mère.

C'est ainsi qu'Hanuman aborda Sri Rama qui cherchait le roi. Il tomba aux pieds de Rama en pleurant : « Mon Seigneur, soyez bon envers le roi ! Ne le tuez pas ; il est innocent. Laissez le partir. »

Mais Rama n'était pas prêt à pardonner au roi. « Je dois le tuer. Je l'ai promis et je ne peux pas rompre ma promesse.

—Je comprends votre dévotion et votre loyauté envers votre guru, dit Hanuman, mais ma mère a promis de le protéger. Mon devoir est de tenir cette promesse. Donc, si vous désirez tuer le roi, il vous faut d'abord me tuer ! Tant qu'il y aura un souffle de vie dans ce corps, je ne permettrai pas que l'on tue le roi. »

Sri Rama banda son arc et se prépara à lancer ses flèches contre Hanuman. Cependant, celui-ci ne prit aucune arme, pas même un bouclier. Il s'agenouilla les mains jointes et comme toujours, il répétait le nom de Rama. Mais contraint de tenir sa parole, le Seigneur se mit à lancer des volées de flèches contre son dévot.

Sri Rama n'avait jamais manqué sa cible, et pourtant, aucune flèche ne toucha le corps d'Hanuman, car juste avant de l'atteindre, chaque flèche se transformait en une belle fleur. Grâce à la dévotion inébranlable d'Hanuman pour le Seigneur, même la colère du Seigneur se transforma en bénédiction. Sri Rama dut finalement admettre sa défaite, vaincu non par la résistance, mais par l'amour et l'acceptation.

De même, Amma dit que notre amour et notre abandon à notre guru devraient être tels que nous puissions accepter la discipline qu'il nous impose comme une merveilleuse bénédiction.

Le début du *Dévi Bhava* n'est pas le seul moment où on fait l'*arati* à Amma. La cérémonie a lieu aussi après les *bhajans* du soir et pendant la *pada puja* (le lavement rituel des pieds du *guru*), quand Amma entre dans la salle pour le programme, et les dévots qui la font sont chaque fois différents. Pendant la *pada puja*, les swamis se tiennent derrière Amma et chantent des mantras védiques pendant que les dévots effectuent la cérémonie, puis l'*arati*. Quelques jours après qu'Amma m'ait demandé de ne plus faire la cérémonie de l'*arati* au début du *Dévi Bhava*, je la suivais lors de son entrée dans une salle pour le programme du matin. Le dévot qui devait faire l'*arati* pour la première fois fut soudain pris d'angoisse. Ses mains tremblaient si violemment que le camphre enflammé tomba sur le sol. Tout le monde se précipita pour éteindre la flamme et il n'y avait plus personne pour faire l'*arati*, semblait-il. Pour éviter une rupture de la tradition, j'ai bondi et pris le plateau d'*arati* des mains du dévot, qui paraissait vouloir rentrer sous terre. Pendant que les autres swamis finissaient de réciter les versets sanscrits, j'ai fait l'*arati* à Amma. En fait, deux incidents similaires se sont produits pendant le reste du tour, ce qui m'a aidé à effacer les dernières traces de chagrin qui subsistaient en moi au sujet de l'*arati*. Même quand Amma nous demande quelque chose qui nous déplaît, son amour maternel et sa grâce divine adoucissent le coup.

Il y a quelques années, un occidental est venu vivre à l'ashram comme *brahmachari*. Il a décidé qu'il voulait passer tout son temps avec les *brahmacharis* indiens et éviter autant que possible de se mêler aux Occidentaux. Il partageait la chambre de *brahmacharis* indiens, mangeait avec eux et faisait son *seva* aussi avec les Indiens. Il passait des journées entières sans même adresser la parole à un autre Occidental, bien que plusieurs centaines d'entre eux résident à l'ashram. Un matin, il s'est levé après avoir pris son petit déjeuner indien, entouré de ses frères indiens et il s'est dit avec beaucoup de satisfaction : « Ah ! Ma vie est parfaite ! J'ai la chance de passer tout mon temps avec des anciens de l'ashram qui ont une bonne influence sur moi et je n'ai aucun contact avec les Occidentaux ! » Moins de trois-quarts d'heures plus tard, le message est arrivé : Amma demandait à le voir. Comme cela ne lui était encore jamais arrivé, il est accouru, plein d'espoir. Quand il s'est agenouillé devant elle, elle lui a demandé très tendrement : « Est-ce que cela te dérangerait de travailler au Bureau International ? » C'est le bureau qui s'occupe des visiteurs étrangers, leur attribue un logement, gère les questions administratives et tous les problèmes qui peuvent surgir. D'une seule phrase, Amma avait mis la « vie parfaite » du jeune homme sens dessus dessous.

Dans la nature, nous voyons la mère pousser les oisillons hors du nid pour leur apprendre à voler. Le maître spirituel nous donne parfois des expériences difficiles pour nous permettre de devenir forts. Mais de même que la mère ne donne des coups de tête au bébé que quand elle est sûre qu'il est prêt, le maître spirituel ne nous met jamais dans une situation que nous ne pouvons pas gérer. Les difficultés sont parfois exactement ce qu'il nous faut. Si nous étions autorisés à vivre sans jamais rencontrer d'obstacles, nous ne développerions pas toute la force contenue en nous. Beaucoup de nos capacités ne se manifestent que face aux difficultés ou quand le besoin s'en fait sentir. Si nous ne sommes jamais mis à l'épreuve, nos talents et nos facultés sont étouffés.

Amma a déclaré maintes fois qu'elle ne désire rien, qu'elle n'a besoin de rien que nous puissions lui donner. Son seul souhait est que nous transcendions nos limites intérieures pour atteindre l'état de vrai bonheur. Il nous arrive peut-être parfois de penser que nous la servons, mais en réalité, c'est elle qui nous sert. Elle est déjà dans l'état de plénitude et de perfection, elle n'a besoin des services de personne pour être heureuse. Mais, par compassion, elle veut nous amener tous à cet état. Et ce ne sont pas seulement les résidents de l'ashram qui ont été transformés par Amma : on peut prendre l'exemple des villageois qui habitent à proximité de l'ashram. Ceux qui ont lu *Le succès ultime* se rappellent peut-être de l'épisode où Amma lance du *prasad* en quittant l'ashram pour aller faire une tournée à l'étranger. A ce moment-là, les villageois ne sont pas sortis de leur maison pour la voir passer et ils ont laissé les bonbons par terre. Cela n'intéressait que les enfants. Mais maintenant, le tableau est bien différent.

Quand elle a quitté l'ashram pour sa tournée européenne en 2005, les résidents de l'ashram ont formé une haie entre la chambre d'Amma et la route de la plage. Mais cette fois, la haie ne s'arrêtait pas là. Malgré l'heure matinale, tout le village était debout, semblait-il, chacun devant sa maison, les mains jointes.

Devant beaucoup de maisons, tous les membres de la famille (la mère, le père, les enfants, les grand-parents) douchés de frais, attendaient près d'une lampe allumée le passage d'Amma. Le mantra *Om Amriteshwaryai Namah* résonnait doucement, en harmonie avec le rythme des vagues qui venaient s'écraser sur le rivage.

La voiture d'Amma avançait lentement et s'arrêtait à chaque lampe. Les villageois tendaient la main et Amma leur donnait des bonbons. Après son passage, de nombreux villageois versaient des larmes. Certains continuaient à répéter le nom d'Amma. D'autres murmuraient doucement, la voix tremblante d'émotion : « Elle m'a touché la main...elle m'a donné un bonbon. » D'autres encore restaient silencieux, immobiles, retenant leurs larmes.

Entendant les mantras, certains ont sauté du lit et sont venus en courant, juste à temps pour apercevoir Amma, d'autres sortaient de la salle de bains, les vêtements mouillés, sans avoir essuyé leurs cheveux, pour ne pas manquer ces instants précieux. La scène m'a rappelé une histoire qu'Amma raconte souvent à propos des *gopis* de Vrindavan. Elles apprennent un jour que Sri Krishna va aller danser sur les rives de la Yamuna. Alors elles abandonnent aussitôt tout ce qu'elles sont en train de faire et sortent en courant de leur maison. Certaines étaient en train de mettre du khôl, et elles n'en avaient mis qu'autour d'un œil. Celles qui travaillaient dans la cuisine au moment où elles ont appris la nouvelle, sans réfléchir, s'essuient le visage de leurs mains couvertes de suie. Et voilà qu'elles ont l'air de charbonnières ! Une *gopi* qui était en train de servir son mari arrive, la louche à la main. Une autre qui balayait la cour quand on l'a appelée, tient encore le balai. Il a suffi qu'elles entendent le nom du Seigneur pour tout lâcher et accourir sur les bords de la Yamuna.

A propos du changement de comportement et d'attitude des villageois qui vivent près de l'ashram, l'un d'entre eux - qui est dans l'Armée - a dit : « Avant le tsunami, nous pensions que Mère Océan (*Kadal* Amma) nous protégeait. Mais quand la mer est venue nous détruire, c'est Amma qui nous a protégés. Amma est plus grande que Mère Océan. »

Quelques jours auparavant, les villageois avaient formé une haie d'honneur dans les rues à l'occasion de la célébration des cinquante-deux ans d'Amma. Cela aussi était nouveau. Cette année-là, pour la première fois, ils avaient considéré le jour de la naissance d'Amma comme un jour de fête. Aucun pêcheur n'était parti en mer ce jour-là. C'était plus qu'un simple jour de congé ; cela marquait une différence notable dans l'attitude des villageois envers Amma. Considérant tout ce qu'elle a fait pour eux après la catastrophe du tsunami, il n'est pas surprenant qu'ils aient choisi de considérer l'anniversaire d'Amma comme un « jour sacré ». Il s'agissait des mêmes personnes qui autrefois jetaient des pierres à Amma et hurlaient des insultes sur son passage. Pendant des années, ils avaient refusé de mettre un pied dans l'ashram.

Récemment, le père d'un enfant inscrit dans une des écoles d'Amma (Amrita Vidyalayam) est venu au *darshan*. Il avait visiblement des difficultés à maîtriser son émotion et dès qu'il a été dans les bras d'Amma, il s'est mis à sangloter. En fait, il s'agissait de larmes de gratitude et de joie.

Quelques jours auparavant, il avait été invité à l'école de son fils pour participer à une cérémonie que toutes les écoles d'Amma accomplissent depuis maintenant plusieurs années. Pour insuffler aux enfants du respect et de l'amour envers leurs parents, les écoles de l'ashram organisent un rituel au cours duquel les enfants exécutent tous ensemble la cérémonie du lavement des pieds de leurs parents. Cette cérémonie traditionnelle est fondée sur l'injonction donnée dans la *Taittiriya Upanishad (I, 11, 2)* « Considère ta mère comme un dieu, ton père comme un dieu. »

L'homme a regardé dans les yeux d'Amma. « Quand mon fils a commencé à me laver les pieds, je me suis demandé qui j'étais pour être vénéré ainsi. Je me suis dit que je n'en étais pas digne. » Il a ensuite avoué qu'il n'avait jamais de sa vie touché les pieds de ses parents, encore moins fait la *pada puja* pour eux.

Mais ensuite, a-t-il dit à Amma, quand il est rentré chez lui, il a été si touché par ce qu'avait fait son fils, que dès qu'il a revu sa mère, il est tombé à ses pieds en signe de respect et de reconnaissance pour tout ce qu'elle avait fait pour lui au cours de sa vie.

« Quand j'ai touché les pieds de ma mère, elle en a été stupéfaite, dit l'homme. Maintenant, pour la première fois en trente-six ans, je respecte et j'aime ma mère. C'est seulement quand je me suis prosterné devant elle que j'ai pris conscience de sa grandeur. Ma mère m'a alors béni avec amour en disant : les mauvais sentiments que j'ai pu avoir envers toi sont effacés par ce geste. »

L'homme remercia Amma avec effusion, de contribuer à rétablir les valeurs traditionnelles chez les jeunes générations. « Amma, tu m'as enseigné la grandeur de l'amour maternel. Ma dette envers toi est éternelle. Tu es la Mère de tous. »

Quand Amma est allée dans un camp tamoul d'aide aux victimes du tsunami à Sri Lanka, en février 2005, un groupe de 15 Tigres Tamouls (membres du LTTE) est venu au darshan, en même temps qu'un groupe de soldats des Forces Spéciales du gouvernement (STF). Depuis 1983, ces deux armées sont engagées dans une guerre civile violente, qui a fait plus de 60 000 victimes.

Parmi les membres du LTTE qui sont venus au *darshan* d'Amma, il y avait des jeunes femmes, reconnaissables à leurs cheveux courts, à leurs chemises d'homme et à leur ceinture à revolver. Devant Amma, leur visage endurci s'adoucissait et leur regard s'éclairait. Comme elles n'étaient pas sûres qu'Amma parle tamoul, elles ont demandé à un représentant du gouvernement qui se trouvait là, auprès d'Amma, de traduire pour elles. Ce fut peut-être le moment le plus mémorable de tout le voyage, car voilà qu'un groupe de militants demandait de l'aide à un représentant du gouvernement qu'ils avaient juré de renverser. En voyant les deux groupes rassemblés sans effusion de sang, sans la moindre trace d'hostilité, l'envoyée du gouvernement s'exclama tout

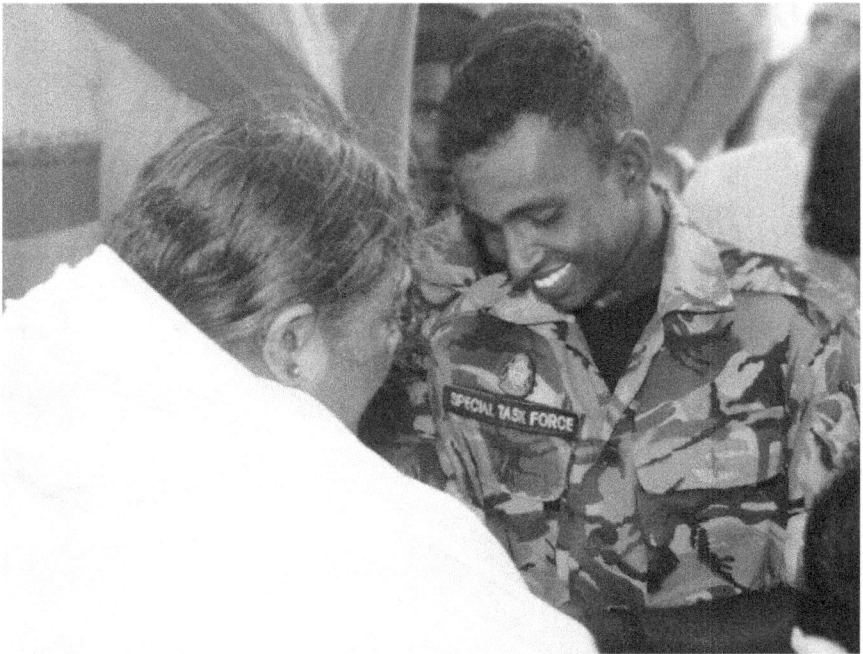

Quand Amma a visité un camp de réfugiés du tsunami au Sri Lanka, des soldats de l'armée gouvernementale et des rebelles (Tigres tamouls) sont venus au darshan.

heureuse : « Amma est la force unificatrice. Amma seule peut les rassembler tous. »

Une telle transformation n'est possible qu'en présence d'un maître authentique. Selon Amma, le plus grand miracle, ce n'est pas de matérialiser des objets, car il est impossible de manifester ce qui n'existe pas déjà dans la création. Le plus grand miracle, c'est de créer une profonde transformation dans le cœur d'un être humain.

C'est un miracle qu'elle accomplit chaque jour de sa vie. ❖

Chapitre 14

Parler à Dieu

« La prière ne change pas Dieu, mais elle transforme celui qui prie. »

— Søren Kierkegaard

Si la méditation est une communion silencieuse avec Dieu, on peut comparer la prière à une conversation. Amma dit que la vraie prière, c'est la gratitude, mais la plupart d'entre nous expriment toujours une requête dans leurs prières. Il en est très peu qui prient le cœur plein de reconnaissance et d'amour, sans rien attendre. Quel que soit pourtant notre motif, la foi est l'ingrédient essentiel. C'est la foi et l'intensité qui font que nos prières sont entendues. Amma donne l'exemple d'une lettre. Même bien affranchie, elle n'arrivera jamais si l'adresse n'est pas indiquée. En réalité même si nous proclamons notre foi en Dieu, cette foi est souvent très superficielle. Amma raconte l'histoire suivante :

Au pied de la montagne, dans une vallée, vivait un homme dont la bien-aimée habitait de l'autre côté de la montagne. Pour la voir, il devait faire un long voyage et contourner la montagne, trop haute et trop dangereuse pour qu'il puisse la franchir. Il se rappela un jour le proverbe biblique selon lequel celui qui a la foi, même si celle-ci n'est pas plus grande qu'une graine de moutarde, peut déplacer des montagnes. Il n'était certes pas un grand dévot, mais il se dit qu'il devait avoir au moins *un grain* de foi. Et chaque matin, il s'asseyait les yeux fermés en demandant : « O Seigneur, s'il Te plaît, déplace cette montagne, afin que je puisse voir ma bien-aimée depuis ma cour. » Puis il sortait de la maison pour voir si la montagne s'était déplacée. Il pria ainsi pendant plusieurs mois, mais la montagne demeura immuable. L'homme finit par lever les bras, reconnaissant son échec, et s'écria : « Je savais bien qu'elle ne bougerait pas ! »

En réalité, la vraie foi est très rare. On raconte l'histoire d'un village en Inde, qui, depuis plusieurs années, souffrait de la sécheresse. Après maintes recherches, les villageois finirent par découvrir un prêtre réputé qui, grâce à un rituel (*yagna*) élaboré, avait le pouvoir de faire venir la pluie. Les préparatifs accomplis, le grand jour arriva. Des milliers de personnes se rassemblèrent pour assister à la cérémonie censée provoquer une pluie torrentielle dès sa conclusion. Parmi toute cette foule, une seule personne avait apporté un parapluie. Il s'agissait d'un petit garçon. « Pourquoi portes-tu un parapluie ? Le soleil ne brille pas très fort aujourd'hui, tu n'en as donc pas besoin », lui dirent les gens.

Le garçon répliqua : « Mais il va bien pleuvoir, n'est-ce pas ? » Les villageois s'étaient donné énormément de mal pour trouver un prêtre capable d'exécuter le rituel, mais aucun ne croyait vraiment qu'il allait pleuvoir. L'histoire raconte cependant que, grâce à la foi innocente de ce petit garçon, le rituel fut couronné d'un immense succès et que dès qu'il fut achevé, le village reçut des pluies diluviennes.

Quand nous avons besoin d'aide, nous n'oublions jamais d'appeler Dieu à notre secours. Mais trop souvent, quand une solution fortuite apparaît, nous oublions que c'est Dieu qui a répondu à nos prières.

Une femme rentrait chez elle après une consultation à l'hôpital. Comme le médecin avait eu du retard dans ses rendez-vous, elle était très pressée. Avant de rentrer chez elle, elle devait encore acheter les médicaments et aller chercher les enfants chez la nourrice. Puis il fallait faire à dîner et arriver à l'heure à la rencontre parents-professeurs qui avait lieu ce soir-là à l'école. Comme elle tournait autour du centre commercial en cherchant désespérément une place de parking, il se mit à pleuvoir en trombes. Elle n'était pas du genre à déranger Dieu pour un petit problème, mais elle s'est mise à prier en tournant dans l'allée la plus proche de l'entrée : « Seigneur, Tu sais quelle journée j'ai eue, et j'ai encore beaucoup à faire. Pourrais-Tu m'accorder une place tout de suite ? Et pendant que Tu y es, est-ce que cela pourrait être près de l'entrée pour que je ne me fasse pas tremper ? » Elle avait à peine terminé sa prière qu'elle vit les feux arrière d'une voiture s'allumer au bout de l'allée. C'était la meilleure place de tout le parking, juste à côté des places de stationnement réservées aux handicapés, devant l'entrée du bâtiment. Tout en se garant à cette place idéale, elle dit : « Ça ne fait rien Seigneur, je prends une option sur la dernière requête, je viens juste de trouver quelque chose sans Ton aide ! »

Amma dit qu'un véritable chercheur spirituel accepte n'importe quelle situation comme un don de Dieu, du guru. La vraie prière, c'est de ressentir et d'exprimer de la gratitude envers l'Etre suprême pour tout ce qui nous a été donné. Certes, Dieu, le guru, n'ont pas besoin de nos remerciements, de nos louanges ; c'est pour nous, pour notre bien, qu'il est bon de nous souvenir que tout est un cadeau. Au moins pendant la durée de notre prière, il n'y a pas de vanité en nous, nous nous abandonnons à Dieu. La prière nous permet naturellement de cultiver l'humilité et de reconnaître les limites de nos propres forces.

En dernière analyse, nous sommes impuissants. Amma dit que même la force de lever le petit doigt nous vient de Dieu. Si nous gardons toujours une attitude de prière, nous serons humbles et la grâce divine se répandra dans notre vie. « La pluie tombe sur le sommet d'une montagne, mais elle n'y reste pas. Elle coule vers les vallées. Ainsi, la grâce divine se répand naturellement sur celui qui cultive l'humilité », dit Amma.

Quand nous mangeons un morceau de chocolat, rappelons-nous celui qui l'a fabriqué, dit encore Amma. Tout en profitant de la création, rappelons-nous du Créateur. Quelle que soit l'expérience qui nous est donnée, bonne ou mauvaise, elle est le fruit de notre *prarabdha*. Nous ne nous plaignons jamais des bonnes expériences. Mais quand nous sommes confrontés aux mauvaises, réconfortons-nous en nous disant que nous épuisons ainsi une partie de notre *prarabdha* négatif. Et rappelons-nous toujours que d'autres souffrent beaucoup plus que nous.

Un jeune homme à bout de force, ne voyant pas d'issue à la situation, tomba à genoux et dit : « Seigneur, je n'en peux plus, mon fardeau est trop lourd à porter ! »

Quand il ouvrit les yeux, son environnement avait changé. Il se trouvait dans une immense pièce et Dieu se tenait devant lui.

« Mon fils, dit doucement le Seigneur, si tu ne peux pas porter ce poids, pose ton fardeau dans la pièce. Tu peux choisir n'importe quel autre.

– Merci Seigneur, soupira-t-il avec soulagement en découvrant que problèmes et soucis s'étaient transformés en un petit ballot sur son épaule. Il fit ce qu'on lui disait. Regardant autour de lui, il vit de nombreux ballots, dont certains étaient si énormes qu'il aurait fallu plusieurs personnes pour les soulever. Il regarda longtemps et finit par découvrir un tout petit sac abandonné dans un coin.

– Je voudrais celui-là, Seigneur, murmura-t-il. »

Le Seigneur répondit : « Mon fils, c'est celui que tu as apporté. »

Parfois, quand nos prières ne sont pas exaucées, nous nous demandons si Dieu nous ignore ou s'Il prend des vacances. Mais rappelons-nous que la perspective de Dieu est beaucoup plus vaste que la nôtre. Une histoire raconte qu'une fourmi se livrait à des austérités pour obtenir une vision de Dieu. Son projet était de demander à Dieu la faveur que toute personne piquée par une fourmi meure. Dieu savait qu'une telle faveur aurait été désastreuse pour l'humanité, mais les austérités de la fourmi étaient si intenses que Dieu n'a pas pu résister : Il a dû lui apparaître et lui offrir d'exaucer une faveur. Mais quand Dieu a demandé à la fourmi ce qu'elle voulait, Il a fait en sorte qu'elle formule sa demande d'une manière qui laisse une marge d'interprétation. Exultant de joie, la fourmi s'exclama : « Oui, Seigneur, j'ai un désir, quand une fourmi pique un être humain, que la mort s'ensuive ! »

Ce à quoi Dieu répondit : « Ta demande est accordée ! Si une fourmi pique un être humain, elle mourra ! » Puis Dieu disparut avant que la fourmi ait eu une chance de clarifier sa demande. Aujourd'hui encore, la fourmi qui pique un être humain n'a plus longtemps à vivre.

Amma a souvent déclaré que s'il reste encore un peu d'harmonie dans le monde, c'est uniquement dû au fait que Dieu n'exauce pas toutes les prières. Imaginez un peu : le tenancier d'un bar prie pour avoir plus de clients, le médecin pour avoir plus de malades et le fossoyeur pour qu'il y ait la peste.

En l'absence de *mahatmas* dans le monde, tout se déroule exactement selon la loi du *karma*. Un *mahatma* a toutefois le pouvoir de modifier notre *karma*, dans la mesure où nous sommes dignes de recevoir cette grâce. En ce sens, on peut dire que les mahatmas comme Amma ont plus de compassion que Dieu Lui-même. Beaucoup d'entre nous ont fait l'expérience que nos moindres prières sont entendues. Nous avons peut-être prié Dieu pendant longtemps sans recevoir de réponse. Mais Amma les exauce très vite, même si nous ne le méritons pas. Si nous lui exprimons un désir, tant que celui-ci est conforme au *dharma* et ne fait de mal à personne, elle ne manque pas de nous aider.

Quand nous nous adressons à un Dieu invisible, il est peut-être difficile d'y mettre une grande ferveur. Mais nous pouvons voir, entendre et toucher les êtres comme Amma, et nous prions naturellement avec plus d'amour et de foi. Et cette ardeur contribue à faire que nos prières soient entendues.

Un des *brahmacharis* m'a raconté l'histoire suivante : un dévot occidental d'Amma vient en visite à l'ashram depuis plusieurs années. Il fait en général la tournée du Nord de l'Inde. Une année, il n'est pas venu et quand il est revenu l'année suivante, ce *brahmachari* lui en a demandé la raison. Il a expliqué qu'un jour, pendant sa dernière tournée avec Amma, il avait eu la chance d'être assis auprès d'elle et de lui tendre le bonbon et le paquet de *vibhuti* (cendres sacrées) qu'elle donne comme *prasad* à chaque dévot. Au moment où il le lui donnait, une femme qui avait à peu près son âge est venue au *darshan*. Elle lui a paru très belle, le genre de femme qu'il avait cherchée toute sa vie. Rappelez-vous que la scène se passe en Inde, qu'Amma donnait le darshan à trente mille personnes ou plus, et qu'elle allait très vite. Quand il a donné le *prasad* suivant à Amma, il a prié silencieusement : « Amma, pourquoi est-ce que tu ne peux pas me trouver une fille mignonne comme celle-ci ? » A l'instant même, Amma s'est arrêtée, s'est retournée, l'a regardé droit dans les yeux, lui a lancé un sourire éblouissant, puis elle a repris le *darshan*.

Ce fut tout. Sur le coup, il n'y a pas accordé beaucoup d'importance. Mais sitôt rentré dans son pays, il a rencontré une femme qui ressemblait beaucoup à la personne qui avait reçu le *darshan* d'Amma en Inde. Ils ont commencé à se fréquenter, puis ils sont tombés amoureux. Amma avait exaucé son souhait.

La relation avait duré presque un an. C'est pourquoi il n'était pas venu en Inde l'année précédente. Mais au bout de quelque temps, ils eurent des différents à propos de petites choses, puis de grandes choses et finirent par se séparer pour « incompatibilité d'humeur ».

Quand nous prions Amma (ou Dieu) d'exaucer un de nos désirs (une nouvelle voiture, une meilleure situation, une belle

148

femme ou un beau mari) rappelons-nous que toutes les choses de ce monde n'ont qu'un temps, et qu'elles nous apportent autant de douleur que de joie.

Avant le début de la guerre du Mahabharata, Arjuna et Duryodhana ont rendu visite à Sri Krishna pour lui demander son aide. Arjuna venait au nom des Pandavas et Duryodhana en celui de leurs ennemis, les Kauravas. Ils arrivèrent presque en même temps à la demeure du Seigneur. Duryodhana n'avait que quelques instants d'avance sur Arjuna. Ils sont entrés et sont allés jusqu'à la chambre de Sri Krishna qu'ils ont trouvé endormi. Une chaise sculptée se trouvait à la tête du lit et Duryodhana s'y est assis. Arjuna, naturellement humble envers le Seigneur, est resté debout au pied du lit, les mains jointes en signe de respect. C'est pourquoi, alors même que Duryodhana était arrivé le premier, c'est Arjuna que Sri Krishna a d'abord vu en ouvrant les yeux. Le Seigneur leur a demandé ce qu'ils voulaient.

Duryodhana, le chef des malhonnêtes Kauravas, dit : « Mon Seigneur, je désire ton aide pour gagner la guerre contre les Pandavas. Comme je suis arrivé ici le premier, tu dois soutenir ma cause. »

Sri Krishna resta imperturbable. « C'est vrai que tu es arrivé le premier, mais c'est Arjuna que j'ai vu d'abord. Je vous aiderai donc tous les deux. L'un de vous peut avoir toute mon armée, avec ses millions de soldats, d'éléphants, de chevaux et de chars et l'autre pourra m'avoir à ses côtés. Je ne porterai pas d'armes et je ne combattrai pas ; je serai conducteur de char. Arjuna est plus jeune que toi, Duryodhana, et la coutume veut que le plus jeune choisisse d'abord. Qu'il exprime donc sa préférence. »

Sans une seconde d'hésitation, Arjuna s'exclama : « C'est toi que je choisis, Seigneur ! Toi seul es mon vrai refuge et sans toi à mes côtés, je ne voudrais même pas gagner la guerre. »

Duryodhana rit sans gaieté. « Quelle chance pour moi que mon ennemi soit aussi stupide ! Même si j'avais eu le premier choix, j'aurais pris ton armée ; elle n'a jamais subi de défaite sur le champ de bataille, c'est bien connu. En ajoutant tes forces de combat aux miennes, notre supériorité numérique sur les Pandavas est écrasante et je suis certain de gagner la guerre. »

Le reste, bien sûr, c'est de l'histoire. Malgré la force immense de l'armée des Kauravas, ce furent les Pandavas qui l'emportèrent.

Arjuna n'a demandé aucune aide matérielle : il n'a demandé que les conseils et la grâce du Seigneur. A la fin, il a obtenu à la fois la prospérité matérielle et la grâce tandis que Duryodhana a tout perdu, même la vie. Rappelons-nous aussi la remarquable prière de Kunti, la mère des Pandavas, une fervente dévote de Sri Krishna. Elle priait toujours ainsi : « O Seigneur, donne-moi de plus en plus d'ennuis, car c'est seulement ainsi que je réussirai à penser à Toi. » Si nous abandonnons Dieu pour le monde, nous n'obtiendrons pas forcément ce que nous désirons, nous recevrons ce que nous méritons. Aspirons donc uniquement à Dieu, à sa grâce, sans prier pour que nos désirs matériels soient exaucés. La grâce divine nous apporte à la fois la prospérité matérielle et la croissance spirituelle.

Certes, Amma nous encourage toujours à prier pour les autres et pour la paix et le bien-être du monde entier. On ne peut pas considérer cela comme une prière égoïste parce que quand nous prions pour les autres, notre cœur s'ouvre.

Un navire fit naufrage lors d'une tempête et les deux seuls survivants réussirent à nager jusqu'à une petite île déserte. Alors les deux marins naufragés tombèrent d'accord : leur seul recours était de prier Dieu.

Pour mieux se concentrer, ils se séparèrent et s'installèrent chacun d'un côté de l'île. Tout d'abord, ils prièrent pour avoir à manger. Le lendemain matin, un arbre fruitier apparut du côté du premier homme. Il put en cueillir les fruits et faire un repas copieux. L'autre côté de l'île demeura désert, alors le second homme jeûna.

Au bout d'une semaine, le premier homme décida qu'il se sentait seul et il pria pour avoir une femme. Le lendemain, un autre bateau fit naufrage, dont le seul survivant fut une femme qui nagea jusqu'à son côté de l'île. Bientôt, il pria pour avoir une maison, des vêtements et plus de nourriture. Le lendemain, comme par magie, toutes ces choses lui furent données, mais l'autre homme, lui, n'avait toujours rien.

Finalement, le premier homme pria pour qu'un bateau apparaisse et qu'il puisse quitter l'île avec sa femme. Le matin, il trouva un bateau amarré de son côté de l'île. Il monta dans le bateau avec sa femme et décida de laisser l'autre homme dans l'île.

Comme le bateau s'apprêtait à mettre la voile, le grondement d'une voix se fit entendre dans les cieux. « Pourquoi abandonnes-tu ton compagnon ?

– Mes bénédictions n'appartiennent qu'à moi, c'est moi qui ai prié pour les obtenir. Ses prières n'ont pas été exaucées. Visiblement, il ne mérite pas d'être sauvé, répondit-il.

– Tu te trompes ! Il n'avait qu'une prière et j'y ai répondu. En fait, sans sa prière, tu n'aurais jamais rien reçu, dit la voix qui le réprimandait.

– Quelle était donc sa prière, pour que j'aie une dette envers lui ? demanda l'homme.

– Il a prié pour que toutes tes prières soient exaucées. »

Amma termine toujours ses programmes par une prière pour le monde entier. Récemment, elle a demandé à ses enfants de penser à ceux qui sont morts ou qui ont perdu des êtres chers dans les catastrophes naturelles qui ont affecté différentes parties du monde. La prière d'Amma est pour tous : ceux qui sont morts dans les tremblements de terre au Cachemire et au Pakistan, dans les inondations de Mumbai (Bombay) et en Amérique du Sud, dans le tsunami qui a dévasté l'Asie du Sud-Est, les cyclones aux Etats-Unis, tous ceux qui meurent dans les guerres et les attentats terroristes.

« Les tragédies qui se déroulent en ce moment ne sont pas terminées, a dit Amma fin 2005, la Nature est toujours en colère et agitée. Seule la douce et fraîche brise de la grâce divine peut disperser les nuages de colère, de haine et de vengeance. Prions de tout notre cœur ». De nombreux dévots ont remarqué la justesse des prédictions d'Amma qui avait déclaré en 2002 que 2005 serait une année tragique pour le monde et avait demandé à ses enfants du monde entier de se rassembler pour prier lors d'*Amritavarsham 50*, la fête organisée en l'honneur de ses 50 ans. Ce fut une prière collective pour la paix et l'harmonie dans le monde. Amma parle souvent de la puissance des prières de groupes. Dans le contexte d'*Amritavarsham 50*, où des centaines de milliers de personnes étaient réunies, elle a déclaré que nous avons beau être de petites chandelles, mais quand nous nous rassemblons pour prier pour la paix et le bien-être de tous les êtres, notre lumière peut illuminer le monde entier. ❖

Chapitre 15

Sannyasa est un état d'esprit intérieur

Etre satisfait de peu est la plus grande des sagesses
Et celui qui augmente ses richesses augmente ses soucis,
Mais un esprit satisfait est un trésor caché
Que les ennuis ne découvrent pas.

– Akhenaton, Pharaon égyptien.

Quand il s'agit de trouver la béatitude, la joie ou la paix intérieure, beaucoup de gens pensent que tout cela est l'affaire des moines et que si l'on ne vit pas dans un monastère ou un ashram, il y a peu d'espoir d'atteindre ces états de contentement intérieur.

En fait, dans les cinq strophes sur la vie spirituelle (*sadhana panchakam*) composées par Adi Shankaracharya, un des vers dit :

Nijagṛhāttūrṇaṁ vinigamyatāṁ

Abandonne sans délai ta maison, pour toujours.

Dans le monde moderne, il est difficile de suivre cette consigne à la lettre. Autrefois, les gens se préparaient dès leur jeunesse à l'étape finale du renoncement total. Les Védas divisent la vie humaine en quatre étapes (*ashramas*) et chacun grandissait en sachant qu'il passerait lui aussi par chacune d'elles.

La première étape de la vie, c'est *brahmacharya*. L'enfant recevait une éducation dans une *gurukula* (une école traditionnelle, où les élèves étaient internes). Outre les sujets académiques, le *guru*

153

leur enseignait le but de l'existence humaine : prendre conscience de notre unité avec Brahman, l'Absolu. Les élèves recevaient aussi les instructions nécessaires pour mener une vie harmonieuse dans le monde.

Une fois sorti de la *gurukula*, le jeune avait le choix : il pouvait se consacrer à la vie spirituelle et devenir moine (*sannyasi*) ou bien se marier et prendre *sannyasa* plus tard. *Sannyasa* était considéré comme une voie souhaitable pour tous ; seul le moment où on l'empruntait différait.

Ceux qui se mariaient et avaient des enfants traversaient encore deux étapes de la vie avant d'arriver à *sannyasa*. La première s'appelle *grihastashrama* ; on choisit une profession, on se marie et on a des enfants. Cette période leur permettait de satisfaire leurs désirs, d'acquérir de la maturité grâce aux expériences traversées et aussi de se purifier en remplissant les devoirs et les obligations enjointes par les Ecritures. Comme ils avaient reçu une bonne éducation pendant la période de *brahmacharya*, ils employaient leur discernement et comprenaient enfin que les désirs n'ont pas de fin et n'apportent pas le bonheur éternel. Finalement, quand les enfants étaient adultes et capables de subvenir à leur propre existence, ils étaient prêts à passer à l'étape suivante : *vanaprastha* (la vie dans la forêt).

Au stade du *vanaprastha*, le couple se retirait dans un lieu solitaire (à l'époque généralement une forêt) et vivait ensemble comme frère et sœur. Comme ils étaient relativement libres de toute responsabilité et qu'ils avaient atteint un certain degré de maturité intérieure, ils pouvaient se consacrer aux pratiques spirituelles. Pour finir, ils embrassaient la voie du renoncement total, *sannyasa*.

Dans ce contexte, nous voyons que l'instruction donnée par Shankaracharya ('quitte ta maison') n'est pas si dramatique après tout. C'était alors considéré comme le déroulement normal d'une vie humaine. Dans le monde actuel, où les gens ne sont pas pré-parés à faire un tel pas, on peut examiner cette injonction sous un autre angle et lui donner une interprétation psychologique : tout en restant chez nous, efforçons-nous de cultiver le détachement intérieur.

Même si nous étions capables de suivre à la lettre le conseil de Shankaracharya, nous aurions encore à affronter les problèmes du mental. Il nous faudrait encore surmonter nos attachements, l'attraction et la répulsion, les désirs et les peurs.

Amma dit que la couleur ocre portée par les *sannyasis* sym-bolise le fait que leur identification au corps et au mental a été brûlée dans le feu du détachement. Cela signifie qu'ils ne désirent plus réussir dans le monde et consacrent leur vie entière à la réalisation de Dieu, du Soi. Le vêtement n'est qu'un symbole, un rappel du but. Certains ont atteint le niveau de détachement des *sannyasis* alors même qu'ils ne portent pas de robe orange. Amma ne porte que du blanc, mais son mental est parfaitement détaché. En réalité, *sannyasa* est un état intérieur. De nombreux sages appartenant à la tradition hindoue vivaient avec leur famille tout en étant, intérieurement, d'authentiques *sannyasis*. Amma dit que le véritable sens de *sannyasa*, c'est le détachement intérieur.

Un couple marche dans la forêt, à l'étape *vanaprastha* de sa vie. Voyant quelques pierres précieuses éparpillées sur le sol, le mari, d'un coup de pied, fait gicler du sable pour les recouvrir. Sa femme lui demande : « Pourquoi as-tu fait cela ?

– Je ne voulais pas que tu voies ces gemmes, je craignais que leur vue ne suscite en toi le désir des plaisirs du monde, avoue le mari.

– Est-ce que tu fais encore une différence entre ces pierres et de simples cailloux ? lui demande sa femme.»

Selon Amma, nous devrions vivre en ce monde comme du beurre qui flotte à la surface de l'eau. Le beurre est bien sur l'eau, mais il en demeure séparé, détaché. Un bateau flotte sur l'eau, mais si l'eau y pénètre, il coule. Ainsi, Amma dit qu'il nous est loisible de vivre dans le monde mais que le monde ne devrait pas vivre en nous. Elle sait, bien entendu, qu'il n'est pas facile de développer ce genre de détachement intérieur. Elle souligne le fait que tout au long de notre vie, nous nous appuyons toujours sur quelqu'un. Le bébé pleure, et sa mère lui donne du lait. Certes, c'est bien ce qu'elle doit faire, mais c'est ainsi que commence notre dépendance par rapport au monde extérieur, notre quête de bien-être et de réconfort. Enfants, chaque fois que nous voulons quelque chose, nous nous adressons à notre mère et elle fait ce qu'elle peut pour satisfaire nos désirs. En grandissant, nous passons moins de temps avec nos parents et ce sont nos amis qui nous réconfortent et nous apaisent. Finalement, pour la plupart, nous tombons amoureux, nous nous marions et avons des enfants, et cela continue. J'ai entendu l'histoire d'une femme qui avait poussé le cycle de la dépendance encore plus loin. Son père était mort alors qu'elle était encore très jeune et après la naissance de son fils, elle est allée voir un soi-disant médium, qui lui a dit que son père s'était réincarné en son fils. Quand elle a appris la nouvelle, elle s'est précipitée chez elle pour dire à son petit garçon de six ans : « Oh papa, je suis si heureuse que tu sois revenu ! »

Certains affirment que le détachement est synonyme de manque d'amour. En vérité, c'est uniquement parce qu'Amma n'est attachée à personne qu'elle est capable d'aimer tous les êtres de manière égale. Quand nous aimons quelqu'un, nous nous attachons à cette personne et nous sommes incapables d'éprouver le même amour pour les autres. Tout notre amour va vers un seul être ou du moins vers un petit nombre de gens.

Amma a des millions de dévots et considère chacun d'entre eux comme son propre enfant. A chaque instant, il y en a au moins un parmi eux qui traverse une crise, tombe malade, souffre de blessures ou essuie des pertes financières, etc. Généralement, quand un enfant a des ennuis, la mère est malheureuse et ne peut plus penser à rien d'autre. Si Amma était attachée à ses dévots, elle serait constamment affligée en pensant : « Mon enfant souffre » et il lui serait impossible de se concentrer sur le travail qu'elle fait et d'apporter la joie à ceux qui sont devant elle. Certes, Amma ressent et manifeste du chagrin quand ses enfants souffrent, mais elle ne permet pas à l'émotion de s'emparer d'elle. En ce sens, elle est parfaitement détachée. Et en même temps, elle nous aime tous sans condition, éternellement.

Notre mère biologique peut tout au plus consacrer sa vie à notre bonheur et à notre bien-être. Elle aussi finira par mourir, renaître et avoir une autre famille. A ce moment-là, nous ne serons plus rien pour elle. Elle nous aura complètement oublié. Amma en revanche, ne nous oubliera jamais. Elle a promis de nous mener jusqu'au but et elle est prête à renaître autant de fois que nécessaire pour cela.

Efforçons-nous de vivre et d'aimer ainsi. Amma dit que l'amour ordinaire est comparable à une mare où les bactéries se multiplient. Quand nous sommes attachés à quelqu'un, dit Amma, des sentiments tels que la colère, le ressentiment et la jalousie apparaissent naturellement, tandis que l'amour détaché coule comme une rivière. Une pierre ou un tronc d'arbre ne peut bloquer le cours de la rivière ; elle coule par-dessus, autour ou en dessous. Tout en ayant une relation d'amour et d'affection avec nos enfants, nos parents ou notre conjoint, en faisant tout notre possible pour eux, rappelons-nous que notre vrai Soi n'est en aucune manière affecté par ce qui leur arrive.

Le grand sage Adi Shankaracharya se trouva un jour face à un *chandala*[1] accompagné de ses quatre chiens familiers.

---

[1] Une personne de basse caste, autrefois considérée comme intouchable, qui s'occupe de brûler les corps dans les lieux de crémation.

Shankaracharya lui demanda de se pousser pour qu'il puisse continuer son chemin.

Sans bouger, le *chandala* demanda au sage : « Qu'est-ce que tu veux enlever de ce chemin ? Ce corps inerte ou le Soi qui l'habite ? » Il reprit : « O grand ascète, tu as établi que l'Absolu est partout, en toi et en moi. Est-ce ce corps, constitué des cinq éléments, que tu souhaites garder à distance de cet autre corps, constitué lui aussi des cinq éléments ? Ou bien désires-tu séparer la pure Conscience présente ici de la pure Conscience présente là-bas ? »

Shankaracharya reconnut aussitôt son erreur. Il se prosterna devant le *chandala* et composa spontanément cinq strophes, déclarant que tout être qui possédait cette vision égale, fût-il un *chandala*, était son *guru*. Quand le sage eut récité les versets, le *chandala* disparut et à sa place se tenait le dieu Shiva[2].

Dans la Bhagavad Gita, Sri Krishna explique :

Vāsāṁsi jīrṇāni vihāya
Navāni gṛhṇāti naro 'parāṇi
Tathā śarīrāṇi vihāya jīrṇāny-
Anyāni saṁyāti navāni dehī

Comme on quitte des vêtements usés pour enfiler des habits neufs, l'être incarné quitte son corps usé et en revêt un neuf.

(II, 22)

C'est l'*atman* qui donne vie à notre corps. Nous disons « ma chère fille » ou « mon tendre cœur », mais si ceux que nous aimons meurent, déclarons-nous la même chose à leur cadavre ? En vérité, c'est l'*atman* que nous aimons, pas le corps. Si ce n'était pas le

---

[2] L'histoire a été racontée ainsi, mais certains pensent qu'en réalité, c'était un disciple de Shankaracharya qui a demandé au chandala de se pousser.

cas, quand l'âme quitte le corps, nous continuerions à aimer le corps, mais il n'en est rien. Nous brûlons ou enterrons le corps aussi vite que possible.

Dans un *bhajan* qu'Amma chante très souvent (*Manase nin svantamayi*), se trouvent les vers suivants :

Etu prāṇa prēyasikkuveṇḍi yitratayellāṁ niṇgṇgaḷ
Pāṭupeṭunnunḍo jīvan veṭinnupōlum
Ā peṇmaṇipōlum tava mṛtadehaṁ kāṇum nēraṁ
Pēṭiccu pimāṛuṁ kūṭe varukayilla

Pour quelle bien-aimée t'es-tu donné tant de mal pendant tout ce temps, sans même prendre soin de ta vie ?

Même elle sera effrayée par ton cadavre et elle ne t'accompagnera pas après la mort.

Une troisième façon d'interpréter l'injonction de Shankaracharya, « quitte ta maison », c'est d'entendre « maison » comme « corps », ce qui signifie qu'il nous faut progressivement développer un sentiment de détachement envers le corps et ses besoins. C'est peut-être un exploit qui semble impossible à accomplir mais les *mahatmas* comme Amma nous montrent qu'un être humain en est capable. Il n'est pas rare qu'Amma donne le *darshan* pendant vingt heures d'affilée, sans même se lever pour allonger les jambes. Pendant plusieurs années, alors qu'elle était très jeune et qu'elle avait été expulsée de la maison de ses parents, elle a vécu dehors, supportant la pluie battante et le soleil brûlant. Il lui est arrivé une fois de survivre pendant six mois en ne consommant que des feuilles de basilic (*tulasi*) et de l'eau. Même après l'installation des premiers *brahmacharis* à l'ashram, elle ne se souciait jamais de savoir où elle allait dormir. Parfois elle dormait sous un cocotier, parfois derrière l'ancienne étable, devenue le premier temple de l'ashram, parfois sur la rive de la lagune. Ce n'était pas un problème pour elle. Elle méditait ou chantait des *bhajans* jusque tard dans la nuit, puis elle s'allongeait là où elle se trouvait.

Aujourd'hui encore Amma n'accorde pas beaucoup d'attention aux besoins de son corps, parce qu'elle ne se perçoit pas comme limitée à ce corps. Elle voit son Soi partout. Exactement comme le ciel que l'on regarde par une fenêtre n'est pas limité à la fenêtre, Amma n'est pas liée à son corps.

Nous donnons actuellement trop d'importance au corps ; nous voulons lui éviter la moindre difficulté. Si nous avons légèrement mal aux jambes pendant la méditation, il ne nous vient pas à l'idée de faire l'effort de rester assis. Nous voulons nous lever et marcher. Amma dit qu'au lieu de vénérer l'*atman*, nous vénérons le corps. Même quand nous allons au temple pour une cérémonie religieuse, nous nous maquillons et mettons de beaux habits. Dans un autre *bhajan*, (*Uyirayi oliyayi*), Amma a écrit :

Rudhirāsthi māṁsattāl pritāpa durggandha
Puriye saṁrakṣikkunnu
Purivātil puṛāmellām paripāvanamākkunnu
Purināthane āṛiyunnila

Nous protégeons cette misérable cité (le corps)
Qui sent mauvais le sang, les os et la chair…
Nous nettoyons uniquement la surface du corps
Sans connaître son Seigneur.

Amma ne dit pas qu'il faut négliger le corps. C'est notre véhicule sur la voie de la réalisation de Dieu et il s'agit donc de l'entretenir correctement. Mais rappelons-nous que le corps est le moyen, et non le but.

Il y a longtemps de cela, je conduisais la voiture d'Amma pendant une tournée en Inde du Sud. Les autres véhicules de l'ashram étaient loin derrière nous et Amma m'a demandé de nous arrêter pour les attendre. Il était environ quatre heures de l'après-midi, et il faisait très chaud ce jour-là. Une fois la voiture arrêtée, nous nous sommes tous mis à transpirer. Remarquant qu'il y avait aussi des gouttes de sueur sur le front d'Amma, je lui ai demandé si je pouvais mettre l'air conditionné. Amma a répondu : « Non, ce serait une faiblesse. Tu ne vas pas mourir parce que tu transpires. Si l'on n'est pas capable de supporter des désagréments minimes, comment peut-on espérer affronter des situations réellement difficiles ? »

Nous ne sommes peut-être pas capables d'aller au-delà de la conscience du corps, mais nous devons nous entraîner à supporter au moins des inconvénients comme la chaleur et le froid, le confort et l'inconfort, etc. Cela ne signifie pas qu'il ne faut pas mettre de vêtements chauds quand il fait très froid. Il s'agit de connaître nos limites et, sans les dépasser, de travailler à transcender ces deux paires d'opposés. Cela dit, ne soyons pas trop dépendants des situations extérieures. En été, nous nous plaignons qu'il fait très chaud, en hiver qu'il fait trop froid et pendant la mousson qu'il pleut trop. Comment pourrons-nous jamais être en paix si nous ne cessons pas de nous lamenter ainsi ? Entraînons-nous à supporter au moins les petits désagréments.

La plupart des gens croient que s'ils deviennent moines, ils n'auront plus de responsabilités. Juste avant le début de la guerre du Mahabharata, Arjuna demande à Sri Krishna, qui conduit son char, de l'amener au milieu du champ de bataille. Là, il examine le camp ennemi et en y voyant beaucoup de membres de sa famille proche, et même son maître d'armes, il pense : « Comment puis-je tuer tous ces gens ? Mieux vaudrait que je devienne un *sannyasi*. » C'est à ce moment-là que Sri Krishna lui donne l'enseignement contenu dans la Bhagavad Gita. Après avoir entendu les conseils divins de Sri Krishna, Arjuna peut accomplir son devoir : faire la guerre aux Kauravas, ces rois injustes, tout en restant détaché.

Un homme père de trois enfants invite un jour un *sannyasi* chez lui. Après lui avoir donné l'aumône, le père se met à parler de ses trois fils :

« Mon fils aîné est un homme d'affaires intelligent, dit-il avec orgueil ; sous sa direction, l'entreprise a prospéré au point qu'il a fallu doubler le nombre des employés. Le second travaille dans une autre société et il a travaillé si dur qu'elle a triplé ses bénéfices. »

– Et qu'en est-il de votre troisième fils ? demande courtoisement le *sannyasi*. Le motif de l'invitation du père de famille devient alors clair.

– C'est un bon à rien, confesse-t-il tristement, il a échoué lamentablement dans tout ce qu'il a entrepris. En fait, je me demandais si vous pourriez l'emmener et en faire votre disciple. »

Comme Arjuna, beaucoup de gens cherchent un refuge dans le renoncement par désespoir, pour échapper aux problèmes. D'autres encore pensent que ceux qui échouent devraient renoncer. Ces deux attitudes sont incorrectes. Le renoncement n'est ni pour les paresseux ni pour ceux qui veulent éviter d'assumer leurs responsabilités, mais pour ceux qui ont le désir authentique de réaliser la Vérité, qui ont compris que le confort matériel, les succès et les relations que l'on peut avoir dans le monde ne les aideront pas à atteindre leur but.

Pour expliquer le sens réel et le pouvoir de *sannyasa*, Amma raconte l'histoire suivante. Un chercheur spirituel va un jour trouver un *mahatma* itinérant et lui demande ce que cela signifie d'être *sannyasi*. Sans répondre, le sage laisse aussitôt tomber le ballot qu'il porte, puis continue son chemin. Cette réponse ne satisfait pas le chercheur qui court derrière le *mahatma* en criant : « Attendez, vous n'avez pas répondu à ma question ! »

En réponse, celui-ci se retourne, rebrousse chemin jusqu'au ballot qu'il remet sur son épaule. Puis, sans mot dire, il reprend sa route.

Avec persévérance, l'homme le suit et le supplie de lui expliquer le sens de ses actions. Le *mahatma* finit par s'arrêter et dire : « Quand j'ai laissé tomber le ballot, cela symbolisait le fait de renoncer à tout attachement aux objets et aux gens de ce monde. Quand je l'ai repris, j'ai ainsi symboliquement pris le fardeau du monde sur mes épaules ; seul celui qui est détaché peut réellement servir le monde. »

Le détachement n'a rien à voir avec le fait de se retirer complètement du monde et de ses affaires. Amma donne l'exemple d'un directeur de banque ou d'un caissier qui manipule dans une journée plus d'argent qu'il n'en gagnera pendant toute sa vie. Mais il n'y est pas attaché parce qu'il sait que ce n'est pas le sien. De même, le chirurgien opère des centaines de malades par an et fait de son mieux pour améliorer leur santé ou leur sauver la vie. Il conseille et console leur famille, mais il n'est attaché à aucun d'entre eux. Sans cela, sa vie serait une souffrance perpétuelle. Il serait tourmenté par la culpabilité et l'angoisse. Ainsi, tout en vivant avec nos proches, essayons de rester détachés. Comme le directeur de banque ou le médecin, efforçons-nous d'aider les autres et de les rendre heureux sans être trop attachés ni dépendants. Nous pouvons alors développer l'état d'esprit d'un *sannyasi* tout en restant dans le monde, en assumant nos responsabilités et en prenant soin de ceux que nous aimons, sans sacrifier notre paix intérieure. ❖

Chapitre 16

« *Ne vous arrêtez pas avant d'avoir atteint le but !* »

Et la dérision restera impuissante face à ceux qui écoutent l'humanité
Ou à ceux qui marchent sur les traces du Divin
Car ils vivront éternellement.

— Khalil Gibran

Le poète Rabindranath Tagore lisait à la lumière d'une chandelle. Il habitait alors sur un bateau. La pleine lune illuminait le ciel nocturne et l'eau du lac, si bien qu'en réalité la flamme de la bougie était inutile, mais le poète, absorbé par sa lecture, ne remarquait pas ce qui l'entourait. Il régnait un silence profond, que brisaient parfois les battements d'ailes d'un oiseau qui volait au-dessus du bateau ou le bruit d'un poisson qui sautait hors de l'eau.

Fatigué, il finit par souffler la chandelle. C'est alors qu'il fut frappé par la beauté naturelle du paysage. La lueur pâle de la bougie avait estompé l'éclat des rayons argentés de la lune. Un poisson bondit, et Tagore le regarda plonger dans le lac. Quelques nuages blancs passèrent, et il vit leur reflet dans les eaux tranquilles et argentées. « Quelle sottise de ma part ! murmura Tagore, j'ai cherché la beauté dans les livres alors qu'elle frappait à ma porte, attendant qu'on la laisse entrer ! Je cherchais la beauté à la lumière d'une chandelle, et j'étais aveugle au clair de lune ! » Tagore comprit alors que la lumière pâle et chancelante de notre ego nous empêche de baigner dans la lumière éclatante du Divin. Il suffit d'éteindre la bougie de l'ego, de sortir de la cabine des désirs égoïstes pour voir dans toute sa gloire la beauté de Dieu.

Il y a environ vingt ans, un Occidental est venu à l'ashram. Nous mangions tous ensemble dans le petit réfectoire. Après le repas, j'ai pris l'assiette d'Amma et je suis allé la laver dans la cuisine. Normalement, en Inde, on lave les assiettes à l'extérieur de la cuisine parce que les assiettes dans lesquelles on a mangé sont considérées comme impures tant qu'elles n'ont pas été lavées. La cuisine, dans laquelle on prépare la nourriture, est un lieu qui doit rester pur. Mais cet Occidental, me voyant laver l'assiette d'Amma, est venu laver la sienne dans la cuisine. Je lui ai poliment expliqué qu'il fallait laver les assiettes en dehors de la cuisine et que j'y lavais uniquement celle d'Amma. Il a répondu qu'il préférait laver la sienne là. Je lui ai une fois encore demandé d'aller à l'extérieur, lui expliquant qu'Amma était notre *guru* et non une personne ordinaire, qu'elle était dans un état permanent de conscience de l'Absolu, au-delà de la pureté et de l'impureté et que cela ne me dérangeait donc pas de laver son assiette dans la cuisine. Il a répliqué avec une certaine grossièreté : « Je suis moi aussi l'Absolu. Quelle est donc la différence entre elle et moi ? Je vais laver mon assiette ici ! » Cette forte réaction de sa part était en elle-même une indication de son immaturité et de son égoisme.

Selon Amma, « sans l'aide des pratiques spirituelles, il est impossible de saisir et d'assimiler la subtilité de la Vérité. » Si nous répétons : « Je suis Brahman », sans faire les pratiques nécessaires pour intégrer cette vérité, nous ressemblons à l'homme qui se vantait fièrement d'y voir clair au milieu des ténèbres les plus obscures.

« Alors si c'est vrai, lui demanda quelqu'un, pourquoi vous voit-on parfois marcher dans les rues avec une lanterne ?

– C'est seulement pour éviter que les autres, qui n'y voient rien, me rentrent dedans, déclara l'homme. »

Amma raconte l'histoire du *pandit* (érudit versé dans les Ecritures) qui répétait constamment : « Je suis Brahman, je suis Brahman » jusqu'à ce que quelqu'un ose le piquer par derrière avec une aiguille. Furieux, le pandit se mit à frapper et à maudire « le coupable. »

A l'opposé, il y a l'histoire célèbre de Sadashiva Brahmandra, un mahatma qui a composé le beau chant « *sarvam brahma-mayam* », ce qui signifie « Tout est Brahman. » Ce sage illustre du Tamil Nadu se promenait toujours nu dans les rues, immergé dans la béatitude du Soi. Au cours de ses errances, il entra un jour au palais, alors que le roi tenait une assemblée avec tous les nobles du pays. Le roi prit le mahatma pour un provocateur et sa nudité pour une insulte à la couronne et il lui ordonna de se couvrir. Le mahatma ne cilla pas et essaya encore moins de s'habiller : il était inconscient de tout ce qui l'entourait.

Voyant que Sadashiva Brahmandra ignorait son ordre, le roi lui barra le chemin, tira son épée et lui coupa un bras. Le roi était sûr qu'il n'oublierait jamais cette leçon. Mais le mahatma s'aperçut simplement qu'il ne pouvait pas continuer dans cette direction, il fit calmement demi-tour et marcha dans la direction opposée.

Voyant que celui qu'il avait pris pour un provocateur ne réagissait pas à sa violence, le roi comprit qu'il venait d'attaquer un mahatma. Horrifié par son erreur, il se dit : « En tant que roi, mon devoir est de protéger mes sujets, et voilà que je viens de mutiler un des plus précieux. » Le roi avait l'intention de mettre fin à ses jours pour expier son erreur et il courut derrière le mahatma, le bras coupé dans une main, l'épée de l'autre. Quand il arriva près de lui, il se prosterna et attrapa les pieds du mahatma en versant des larmes à profusion et en sanglotant très fort.

Le remords intense du roi réussit à attirer l'attention de Sadashiva Brahmandra, ce que n'avait pu faire le coup d'épée. « Qu'est-ce qui vous tourmente ? » demanda-t-il au roi.

Le roi, tenant le bras coupé du sage, le lui offrit en disant : « Oh, Toi qui es béni, pardonne à ce sot ignorant qui a fait tant de mal à Ta Sainteté ! »

« Personne n'a fait de mal, personne n'a été blessé ! » répondit le mahatma. En disant cela, il accepta son bras coupé, et le ré-attacha à son corps. Il passa la main sur la blessure, et cela suffit pour que son corps redevienne instantanément intact. Il ne s'agit pas d'un conte de fée, mais d'un fait qui s'est déroulé il y a un peu plus de deux siècles, à peu près au moment de la révolution américaine, et de nombreux témoins ont laissé leurs récits dans les livres d'histoire du Tamil Nadu. Ce moment fut décisif dans la vie du roi comme dans celle du sage. Le roi renonça au trône pour mener une vie de moine et le mahatma cessa sa vie vagabonde pour éviter que d'autres, ignorants comme le roi, ne l'attaquent et ne commettent ainsi un acte négatif (*papa* – démérite). Il est clair que les paroles du sage, « tout est Brahman » reflétaient sa propre expérience, indiscutable.

De même, quand Amma dit : « Je suis Amour ; un flot ininterrompu d'amour s'écoule de moi vers tous les êtres », ce ne sont pas de simples paroles, mais une vérité qui se reflète dans chacun de ses actes. Pendant le *darshan*, son corps endure toutes sortes de douleurs : alors même que les gens la serrent avec trop de force, s'appuient sur elle, s'agenouillent sur ses pieds, elle ne se met jamais en colère contre eux. Elle n'exprime même pas la souffrance ou la gêne qu'elle ressent, pour qu'ils ne se sentent pas coupables ni blessés. Amma donne le *darshan* à des milliers de personnes chaque jour et chacun reçoit le même amour. Amma dit que tout ce qu'elle fait, pensée, parole ou action, jaillit de l'amour débordant qu'elle éprouve pour nous. Amma est pleine de bonté et d'amour même envers ceux qui ont souhaité sa mort, ce qui montre qu'Amma est vraiment ce qu'elle dit : « Je suis Amour. »

Quelqu'un lui a un jour demandé : « Amma, une fois que j'aurai reçu un mantra, que dois-je faire ?

– Répète-le régulièrement, avec dévotion et ferveur, a répondu Amma.

– Et puis ? demanda-t-il.

– Tu obtiendras une certaine capacité de concentration, dit Amma.

– Et qu'arrivera-t-il ensuite ? insista-t-il.

– Tu seras capable de retirer ton mental de ce qui t'environne et de méditer pendant longtemps, répondit Amma avec patience.

– Et puis ?

– Tu peux atteindre le *samadhi*[1].

– Et que se passera-t-il alors ?

– Atteins d'abord ce niveau, dit Amma, tu pourras alors revenir et demander des indications sur les étapes suivantes. »

C'est seulement la curiosité intellectuelle au sujet de la vie spirituelle qui motivait cet homme, il n'avait pas vraiment l'intention de pratiquer.

Amma dit que l'une des caractéristiques essentielles chez un chercheur spirituel, c'est un désir brûlant de réaliser la Vérité. Un homme dont les vêtements sont en feu ne demande pas à un passant : « Que dois-je faire ? » Il se précipite là où il peut trouver de l'eau, propre ou sale, peu lui importe. Nous devrions avoir le même sentiment d'urgence, le même désir brûlant de connaître Dieu. La tiédeur ne nous aidera pas à progresser. Désirer la libération, c'est un peu comme nager à contre-courant dans une rivière. Tous les autres désirs nous poussent sans cesse dans la direction du courant. Le mental ne nous permet jamais d'être tranquilles.

---

[1] Samadhi est un état transcendantal dans lequel on perd le sens de son individualité.

Si nous essayons de nous asseoir en silence sans bouger, le mental révolté proteste : « Pourquoi dois-je rester assis ici alors qu'il y a tant de choses intéressantes à faire et dont je peux profiter ? Ne sois pas stupide ! Lève-toi ! » Le mental ne supporte pas d'être limité. Si nous essayons de le maîtriser, il résiste et se révolte.

Un cheval qui porte des œillères ne peut regarder que devant lui. De même, en tant que chercheurs spirituels, nous ne devrions pas nous laisser distraire par notre environnement; notre mental devrait toujours être fixé sur le but. Nous ne serons persévérants dans notre quête qu'en cultivant *lakshya bodha* (le désir d'arriver au but) : alors, chacune de nos actions deviendra une *sadhana*.

Ne disons pas que c'est impossible. Si nous examinons les choses de près, nous voyons que nous possédons déjà la faculté de rester conscients d'un but que nous nous sommes fixé. Prenons l'exemple d'une dévote d'Amma qui vient assister à mes programmes dans une ville indienne. La plus petite plaisanterie déclenchait chez elle un fou rire, mais un jour, j'ai donné une conférence dans cette ville et j'ai remarqué qu'elle n'avait pas ri une seule fois, alors que j'avais fait plusieurs plaisanteries au cours de la soirée… et ce pendant plusieurs jours. Quel que fût le sujet, elle restait très sérieuse. Curieux de connaître la raison de ce changement, je me suis arrêté le dernier soir, en passant près d'elle, pour lui demander ce qui se passait. Elle m'a expliqué qu'elle venait d'avoir un dentier et qu'elle avait peur de le perdre si elle riait. Elle avait bien eu envie de rire de mes plaisanteries, mais s'était retenue à l'idée de créer une scène embarrassante. Son but était d'éviter que les gens sachent qu'elle portait un dentier, et pour cela, elle avait réussi à s'empêcher de rire. De même, dit Amma, si nous sommes conscients du but spirituel de la vie, si notre désir de l'atteindre est sincère, nous pouvons acquérir une grande discipline.

Pour insister sur l'importance de pratiquer régulièrement des exercices spirituels, Amma dit : « C'est comme l'alarme d'un réveil. Un homme qui avait l'habitude de se lever chaque jour à huit heures s'est présenté un jour à un entretien. Le rendez-vous était à 10 heures, mais pour s'y rendre, il fallait qu'il se lève à quatre heures. Il a donc mis le réveil et il a réussi à se lever au moment voulu. L'alarme nous aide à être plus conscients. De même, nous avons besoin de ces règles fondamentales, comme un enfant qui va à l'école primaire a besoin d'un emploi du temps. Peu à peu, nous parviendrons à maîtriser notre mental. »

Amma donne l'exemple suivant : prenez un morceau de bois, et essayez de l'immerger dans l'eau. Chaque fois qu'il remonte à la surface, enfoncez-le à nouveau dans l'eau. Dès que vous relâchez la pression, le bout de bois remonte à la surface. Le bois ne restera jamais sous l'eau, mais en répétant cette action, nous développons nos muscles. Ainsi, même si nous ne réussissons pas à nous concentrer dans les débuts de la vie spirituelle, le simple fait de respecter notre emploi du temps nous aidera à maîtriser le mental et à rester sur la bonne voie.

Il arrive que nous cessions toute pratique, en ayant le sentiment que nous ne faisons aucun progrès. Nous nous disons peut-être : « Je n'arrive pas à chanter le mantra avec concentration, alors à quoi bon continuer ? » Ou bien nous espérons obtenir une expérience pendant notre méditation et quand il ne se produit rien de spectaculaire, nous sommes découragés. Cette attitude n'est pas correcte ; il faut persévérer dans nos efforts. Amma donne l'exemple de quelqu'un qui nage contre un courant violent. Il n'avance peut-être pas vite ou même pas du tout, mais s'il s'arrêtait, il serait rapidement emporté en arrière. Ainsi, notre *sadhana* nous empêche au moins d'être complètement noyés par nos tendances négatives et nos désirs égoïstes.

Un des dévots d'Amma qui vit à l'ashram depuis longtemps a constaté qu'il était encore incapable de maîtriser son tempérament coléreux. Il a demandé à Amma la permission de faire un vœu de silence pendant un an, en consacrant la plus grande partie de son temps à méditer. Amma a donné son accord. Pendant un an, il lui est parfois arrivé de se mettre en colère, mais il n'a pas pu disputer qui que ce soit ni crier, parce qu'il ne voulait pas rompre son vœu de silence. Au bout d'un an, il s'est remis à parler et il est vite devenu évident que son caractère n'avait pas beaucoup changé. Un des résidents de l'ashram, qui venait de subir ses invectives, s'est plaint à l'un des *brahmacharis* : « Pendant un an, sa seule tâche a été de développer la patience et la gentillesse et même là, il a échoué. A quoi ont donc servi toutes ses austérités (*tapas*) ? »

Le *brahmachari* a toutefois préféré voir le bon côté des choses. « Au moins pendant une année, il n'a blessé personne par ses paroles ! »

Amma compare la vie spirituelle à un long trajet en avion. Dans l'avion, nous n'avons pas le sentiment que nous nous déplaçons à grande vitesse, mais en quelques heures, nous atterrissons dans un autre pays, à des milliers de kilomètres. Ne nous inquiétons donc pas de notre manque de concentration. Nous obtiendrons au moins *asana siddhi*[2]. Et si nous sommes incapables de méditer ou de réciter notre mantra, nous pouvons au moins lire un livre sur la spiritualité.

L'essentiel, c'est d'avoir une discipline, de rester assis un certain nombre d'heures chaque jour. Notre *sadhana* doit être régulière. Il ne suffit pas de pratiquer une fois de temps en temps.

---

[2] Mot à mot, « la perfection dans l'assise ». Asana siddhi est la troisième des huit étapes vers la libération décrites dans les Yogas sutras de Patanjali. Les premières sont yama et niyama, les obligations et les interdits de la vie spirituelle.

Douter de la possibilité de réaliser le Soi est le plus grand obstacle dans la vie d'un chercheur spirituel. La nuit qui précédait l'éveil du Bouddha, il s'est assis sous l'arbre *boddhi* en prenant la ferme résolution : « Même si ce corps se dessèche et meurt, je ne bougerai pas de cet endroit avant que la sagesse suprême ne se soit révélée à moi ! » Swami Vivekananda exhortait ses disciples : « Levez-vous ! Réveillez-vous ! Ne vous arrêtez pas avant d'avoir atteint le but ! » De même, Amma nous encourage à persévérer dans nos efforts et à ne pas perdre espoir, quels que soient les obstacles que nous rencontrons. « Sur la voie spirituelle, de nombreuses chutes peuvent se produire, mais l'important est de ne pas rester là, allongé sur le sol, à trouver la situation confortable. Levez-vous et faites l'effort de vous remettre en route. Vos efforts sur la voie spirituelle ne seront jamais vains. Réaliser votre unité avec Dieu peut prendre toute une vie ou même plusieurs vies. Il faut persévérer. Il n'y a pas d'autre voie. Tout le monde doit se tourner vers la spiritualité un jour ou l'autre. Si vous rencontrez un obstacle, surmontez-le. »

Du ciel tombent la pluie et la neige. Elles forment les rivières qui descendent des montagnes en transportant les nombreux matériaux qu'elles rencontrent en chemin, puis finissent par se fondre dans l'océan. Si la rivière rencontre un obstacle majeur, tel un gros rocher par exemple, elle coule par-dessus ou bien elle le contourne, mais elle se dirige toujours vers l'océan.

Le cours de la vie ne se déroule pas au hasard. Comme la rivière, il a une source et un but. La source de la vie, c'est la Pure Conscience. Le but du voyage est de réaliser notre unité avec le Soi Suprême. La rivière entraîne avec elle des objets étrangers, des déchets, du bois et du sable, mais qui ne font pas partie de sa nature essentielle. Ils ne font que ralentir sa progression. Ainsi, nous accumulons au long de notre voyage des habitudes, des blessures affectives, des souvenirs et des désirs, mais ils ne font pas partie de notre nature essentielle et avant d'atteindre le but, il faut les abandonner. ❖

Chapitre 17

De l'espoir pour le monde

« Le monde devrait savoir qu'il est possible de mener une vie consacrée à l'amour désintéressé et au service de l'humanité. »

— Amma

Un marin naufragé qui venait de passer plusieurs années sur une île déserte fut transporté de joie en voyant, un beau matin, un navire ancré au large de la côte et une barque de secours approcher. Quand le bateau accosta, l'officier responsable alla vers le marin solitaire et lui tendit un paquet de journaux. Il lui dit : « Notre capitaine vous fait dire de lire d'abord ces journaux pour vous mettre au courant des dernières nouvelles. Vous nous direz ensuite si vous voulez toujours être sauvé. »

Au cours des dernières années, Amma s'est consacrée de plus en plus à son œuvre humanitaire. Ce choix lui a été dicté en grande partie par les temps que nous vivons. Amma a fait de son mieux pour adoucir la souffrance des victimes de toutes les catastrophes naturelles qui se sont déroulées dans différentes parties du monde.

Au cours de l'été 2005, les Nations Unies ont accordé à l'ashram d'Amma un statut spécial de consultant, en reconnaissance de l'efficacité immédiate et à long terme de ses efforts dans différents domaines du service social.

Le jour où un tsunami a frappé l'Asie en 2004, avant le coucher du soleil, Amma procurait déjà de la nourriture, un abri et des soins médicaux à des milliers de victimes réfugiées. De nombreux lecteurs savent peut-être déjà que peu de temps après la catastrophe, Amma a promis de consacrer 23 millions de dollars à aider les victimes du tsunami. Une grande partie de cette somme a été affectée à la construction de 6 200 maisons pour reloger les victimes du tsunami sur les côtes orientales et occidentales de l'Inde, au Sri Lanka et dans les îles Andaman. Mais les normes gouvernementales selon lesquelles les maisons devaient être construites furent publiées seulement après qu'Amma eut annoncé la somme qu'elle destinait aux secours. Le prix de revient des maisons conformes à ces normes était le double du coût prévu initialement. Nous n'avions aucun soutien financier, ni du gouvernement, ni d'aucune organisation religieuse ou caritative, mais Amma ne voulait pas revenir sur sa parole. Elle a donc décidé de commencer à partir de rien et de trouver des moyens de réduire le prix de revient sans faire de compromis sur la qualité des maisons.

Pour cela, pendant toute la tournée de l'été 2005, avant et après le *darshan*, Amma communiquait sans cesse par téléphone avec l'Inde pour donner des instructions : comment économiser sur l'achat des matériaux de construction et surmonter tous les obstacles que ses disciples rencontraient dans leur travail de construction. Elle appelait même parfois au milieu du *darshan*, et tout en ayant la tête d'un dévot sur l'épaule, elle s'entretenait avec les chefs de chantier et leur indiquait où acheter le sable, le ciment et les graviers et comment se procurer l'eau dont ils avaient besoin. En certains endroits, l'état des routes était si déplorable que les *brahmacharis* et les *brahmacharinis* ont d'abord dû les réparer avant de pouvoir transporter les matériaux de construction nécessaires. Au moment où j'écris, 4 000 des 6 200 maisons promises sont terminées et ont été remises à leurs propriétaires. La construction du reste des logements est bien avancée.

Certains journalistes ont posé la question suivante : « Est-ce qu'Amma est riche ? Où prend-elle l'argent nécessaire pour tout cela ? »

La réponse, c'est qu'Amma n'est pas riche matériellement. Mais en termes d'amour et de compassion, elle est infiniment riche. Amma dit que tout ce qu'elle a accompli n'a été possible que grâce au travail acharné de ses enfants. Amma ne demande jamais de dons et son darshan est gratuit. Avant de commencer un projet qu'elle a l'inspiration d'entreprendre, explique-t-elle, elle ne perd pas de temps à se demander si c'est financièrement possible. Quand elle en éprouve le besoin, elle s'engage à apporter son aide, et par la grâce divine, les ressources nécessaires apparaissent toujours.

Certains des fonds qui ont été utilisés pour les secours aux victimes du tsunami et des autres catastrophes naturelles avaient en fait été mis de côté pour d'autres projets charitables qu'elle s'apprêtait à lancer. Amma dit que l'avenir n'est pas entre nos mains ; seul le moment présent l'est. C'est pourquoi son sentiment est que nous devons employer notre énergie à aider les victimes des catastrophes naturelles, puisque c'est l'urgence du moment. Une fois que tous les besoins des victimes auront été satisfaits, elle reviendra aux projets initialement prévus.

La tradition japonaise rapporte l'histoire d'un adepte du Zen appelé Tetsugen. A son époque, les *sutras* (aphorismes) du Bouddha n'existaient qu'en chinois et Tetsugen avait décidé de les publier en japonais. Il s'agissait d'imprimer 1 681 exemplaires de ce livre sur des plaquettes en bois, dans une édition de 7334 volumes. C'était une entreprise monumentale.

Tetsugen se mit en route afin de recueillir des dons pour son projet. Quelques sympathisants lui donnèrent de grosses sommes, mais la plupart du temps, il ne recevait que de la monnaie. Il remerciait pourtant chaque donateur avec la même gratitude.

Au bout de dix ans, il avait enfin réuni assez d'argent pour commencer sa tâche.

Il se trouve qu'à ce moment-là une rivière a débordé et qu'il s'en est suivi une terrible famine. Sans hésiter, Tetsugen a pris les fonds qu'il avait recueillis pour les livres et les a dépensés pour sauver ceux qui mouraient de faim. Puis, il s'est remis à quêter, en recommençant à zéro.

Plusieurs années s'écoulèrent et une épidémie frappa le pays. De nouveau, Tetsugen donna tout l'argent qu'il avait recueilli pour acheter des médicaments pour les malades.

Une troisième fois, il se remit en route pour collecter des fonds et finalement, au bout de vingt ans, son désir fut exaucé. C'était en 1681. On peut voir aujourd'hui à Kyoto, dans le monastère d'Obaku, les blocs de bois qui ont servi à imprimer la première édition japonaise des sutras.

Les bouddhistes japonais expliquent à leurs enfants que Tetsugen a fait trois exemplaires des sutras et que les deux premiers, bien qu'ils soient invisibles, surpassent le dernier qui est exposé dans le monastère.

A la fin des années quatre-vingts, le nombre des résidents de l'ashram et des visiteurs qui venaient chaque jour pour le *darshan* avait augmenté au point qu'il fut décidé de construire une nouvelle salle pour le darshan. Comme l'ashram était encore très pauvre à l'époque, les dévots ont donné ce qu'ils ont pu pour l'achat des matériaux de construction. Mais au même moment, la direction d'un orphelinat situé à 45 km environ de l'ashram est venue demander l'aide d'Amma. Les responsables se débattaient dans des difficultés financières et ne pouvaient plus offrir aux enfants des conditions de vie décentes. Quand on lui a décrit les souffrances des enfants, Amma a décidé de racheter l'orphelinat en utilisant l'argent donné par les dévots pour la construction de la nouvelle salle de *darshan*. Lorsque les *brahmacharis* d'Amma sont arrivés à l'orphelinat en mai 1989, les bâtiments tombaient en ruines et les conditions de vie étaient atterrantes. La nourriture manquait de vitamines et de sels minéraux essentiels, il n'y avait pas de lait pour les enfants. Le réfectoire était une petite pièce sombre, avec un sol en terre battue, toujours inondé pendant la mousson, ce qui obligeait les enfants à manger debout. Les toits fuyaient en plusieurs endroits et les sols étaient parfois irrémédiablement endommagés par des années d'inondation. Il n'y avait aucun suivi médical et bien souvent, les problèmes de santé des enfants n'avaient pas été traités. Il n'y avait pas de toilettes qui fonctionnaient.

Aujourd'hui, l'orphelinat a été entièrement reconstruit, et il se préoccupe de tous les besoins, des intérêts et des aspirations des enfants. L'orphelinat d'Amma est aussi une excellente école, où les enfants ont la possibilité, en plus du malayalam, d'apprendre le sanscrit et l'anglais et de terminer leurs études secondaires ; un certain nombre d'entre eux font même des études supérieures.

Je me demandais parfois ce qu'un enfant qui avait vécu à l'orphelinat avant qu'Amma en ait repris la responsabilité ressentirait en le visitant aujourd'hui. Et puis, pendant le tour d'Europe 2005, un garçon de 29 ans originaire du Kérala est venu voir Amma. Il habitait en Hollande depuis 1985.

Ce garçon avait neuf ans quand un couple de hollandais les avait adoptés, lui et sa sœur. Ils les avaient sortis de l'orphelinat de Paripally et les avaient emmenés aux Pays-Bas. Cela se passait en 1985, quatre ans avant que l'ashram d'Amma n'en reprenne la gestion.

Quand ce jeune homme est venu pour rencontrer Amma, il ignorait complètement qu'elle s'occupait maintenant de l'orphelinat où il avait grandi. Il l'a découvert en regardant les panneaux d'exposition concernant les activités caritatives d'Amma, pendant le programme. En voyant les photos de l'orphelinat tel qu'il existe

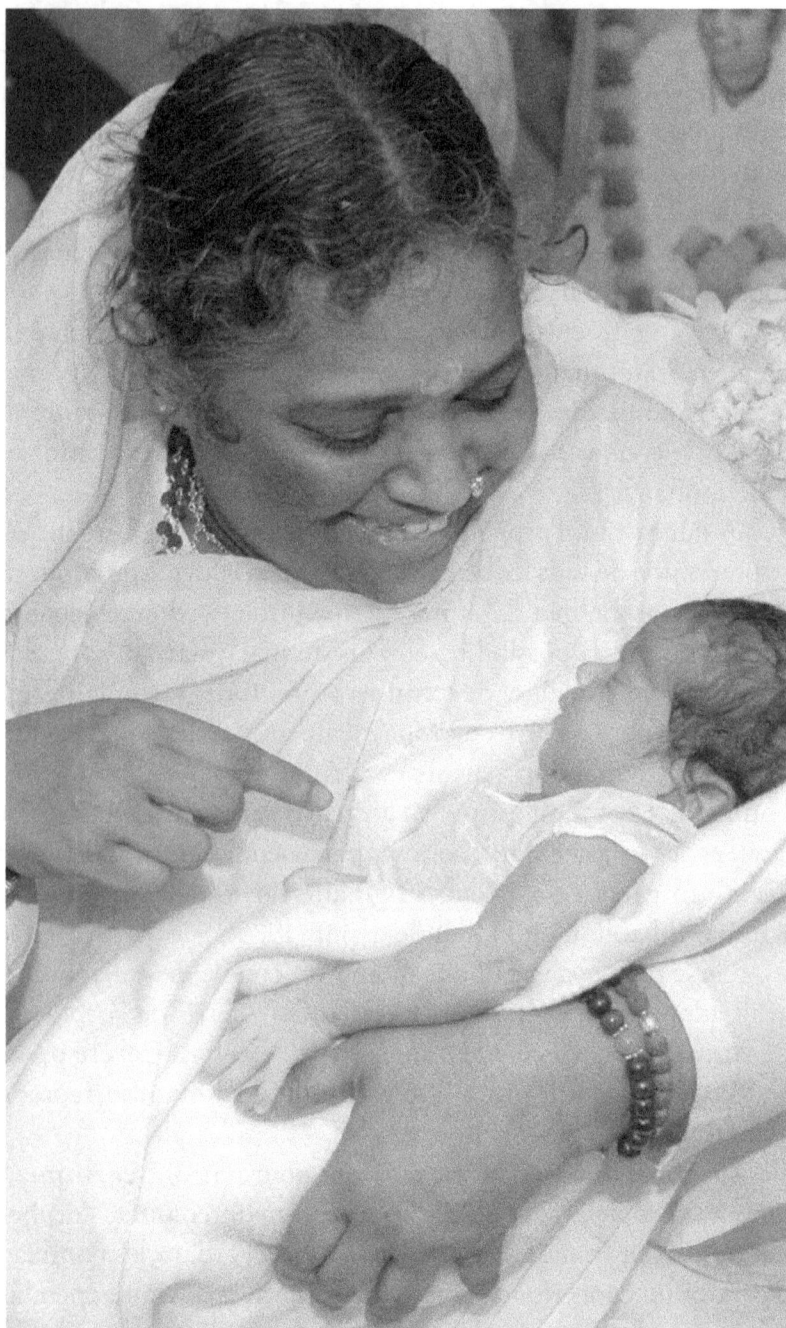

Après le tsunami, les femmes qui avaient perdu leurs enfants et avaient les trompes ligaturées ont bénéficié à AIMS d'une opération de reperméabili-sation des trompes.

aujourd'hui, il n'a pas pu reconnaître l'endroit. Mais le nom de la petite ville du Kérala où se trouve toujours l'orphelinat ne lui a laissé aucun doute. A la vue des photos qui montraient un foyer plein d'amour, le haut niveau d'éducation et de soins offerts aux enfants, le jeune homme a eu le souffle coupé. Ce qui avait été pour lui un enfer avait été transformé en paradis pour ceux qui étaient venus après lui. Mais il n'était pas trop tard pour ce jeune homme. Le paradis était venu en Hollande.

« Merci, merci de tout cœur Amma, murmura l'orphelin maintenant adulte, pendant qu'Amma le serrait tendrement dans ses bras. J'ai tant de mauvais souvenirs de cet orphelinat. Je suis si heureux que tu en aies repris la responsabilité et que tu l'aies transformé. Je crois maintenant que si j'ai perdu mes parents et si je suis venu vivre en Hollande, cela avait un sens. C'était le destin. C'était pour que je puisse rencontrer Amma aujourd'hui. »

Toutes les œuvres caritatives d'Amma sont nées ainsi : ce furent des réponses spontanées à la situation de gens en détresse. Au milieu des années 90, un groupe de femmes est venu voir Amma. Elles vivaient dans des huttes en feuilles de cocotiers tressées, dans une ville proche. Certaines mères avaient des filles à marier qui vivaient avec elles et l'une d'entre elles avait été attaquée par un rôdeur. Comme les huttes n'avaient ni portes ni verrous, elles ne pouvaient pas se protéger des dangers, ni protéger leurs enfants, surtout les jeunes filles. C'est alors qu'Amma décida de construire des maisons gratuites aux environs de l'ashram. Le projet Amrita Kuteeram fut inauguré en 1996. Aujourd'hui, plus de trente mille maisons ont été construites et le but fixé par Amma pour l'instant est d'arriver à 125 000.

Quand d'autres familles ont confié à Amma qu'elles n'arrivaient pas à joindre les deux bouts parce que le père ou la mère était handicapé ou pour d'autres raisons, Amma a lancé le projet

Amrita Nidhi, des pensions qui sont maintenant versées à 50 000 personnes dans toute l'Inde.

Il en va de même dans le domaine médical. La liste d'attente pour les opérations du cœur dans le Kérala était si longue que de nombreux malades, même s'ils pouvaient s'offrir l'opération, mouraient en l'attendant. Maintenant, des milliers de gens viennent trouver Amma, la considérant comme leur dernier espoir, et elle répond à leurs prières. Dans l'Inde entière, les filiales de l'ashram d'Amma ont des dispensaires médicaux gratuits. Il y a à l'ashram d'Amritapuri un dispensaire qui soigne des milliers de personnes par semaine. Un foyer pour les cancéreux existe près de Mumbai (Bombay) et un foyer pour les malades du SIDA à Trivandrum. Il y a aussi un dispensaire pour les populations tribales, qui vivent dans une extrême pauvreté dans les montagnes du nord du Kérala. Les activités d'aide sociale vont des visites à domicile pour les mourants (soins palliatifs), en passant par des séjours de soins neurologiques jusqu'aux traitements gratuits de l'épilepsie et du diabète. L'hôpital AIMS (Institut Amrita de Sciences Médicales et de Recherches) est situé près de Kochi (Cochin). Il comprend 1 200 lits, de nombreuses spécialités parmi les plus avancées et son but est d'offrir à tous, quelles que soient leurs ressources, des soins de qualité.

L'orphelinat a marqué le début du vaste réseau humanitaire fondé par Amma, mais si nous y regardons de près, nous voyons que toutes les aides humanitaires offertes par le Mata Amritanandamayi Math ne sont qu'une extension de ce qu'Amma a fait depuis son enfance : s'occuper des vieux, des pauvres, de ceux que l'on néglige, de ceux qui souffrent.

Malgré l'envergure prise par ce réseau humanitaire, Amma demeure fermement présente parmi ceux qui ont le plus urgent besoin de son amour et de sa compassion. Au milieu de toutes ces entreprises, Amma n'a jamais cessé de donner le *darshan*. Même si elle doit passer la nuit à lire des lettres, à diriger des réunions et à parler au téléphone, elle passe encore ses journées à s'occuper elle-même de ses enfants. Inspirées par l'exemple d'Amma, des milliers de personnes se sont consacrées à servir les pauvres, les malades, ceux qui sont en détresse. Ainsi, elle a maintenant de nombreuses mains.

Certains s'étonnent peut-être qu'Amma ait pu accomplir autant en si peu de temps. Devant l'exemple incomparable d'Amma, ses bénévoles sont peut-être plus enthousiastes et plus dévoués que d'autres. C'est une partie de la réponse. Un membre d'une ONG, qui dirigeait au Tamil Nadu les opérations de secours après le tsunami, a déclaré avec étonnement que parmi la douzaine d'ONG qui travaillaient dans la région, celle d'Amma était de loin la plus efficace et la plus performante.

L'autre partie de la réponse, c'est la manière dont Amma dépense l'argent qu'elle reçoit. Parce que l'administration de l'œuvre humanitaire d'Amma est assurée presque totalement par des bénévoles, les frais généraux sont relativement bas. En outre, Amma a toujours été extrêmement attentive à éviter au maximum le gaspillage à l'ashram et dans toutes ses institutions : qu'il s'agisse d'une poignée de riz ou d'un équipement électronique ultramoderne, rien ne doit être gâché.

Dans la plupart des institutions de taille comparable, on remarque beaucoup de gaspillage et de frais inutiles. Mais Amma a inculqué dans toute son organisation une éthique de l'économie. Personne ne veut prendre pour soi plus que le nécessaire, sachant d'où vient cet argent et à qui il est destiné. Personne ne jette quoi que ce soit qui puisse être utilisé ou ré-utilisé.

Récemment, un des résidents de l'ashram a acheté un équipement électronique pour la section audio-vidéo. Quand Amma en a su le prix, elle lui a demandé si cette dépense était vraiment nécessaire et lui a demandé de tenir désormais un journal de bord et de lui soumettre des rapports hebdomadaires détaillés, indiquant la durée quotidienne d'utilisation de chaque machine.

Rien, pas même le plus petit détail, n'échappe à son attention. Pendant le tour d'Amérique du nord 2006, à l'ashram de San Ramon en Californie, après le *darshan* du matin, Amma est passée par la cuisine pour aller à la maison où elle était logée avec les swamis et quelques uns des résidents de l'ashram de Californie. En passant devant la poubelle du compost, elle s'est arrêtée et elle a mis la main dedans. Un des membres du groupe a essayé de l'arrêter en disant :

« Ne t'inquiète pas, Amma, il n'y a rien dedans.

– Comment le sais-tu ? » a rétorqué Amma tout en sortant de la poubelle une tranche de pain parfaitement intacte. Elle l'a examinée puis elle a dit : « Qui oserait jeter cela ? Souvenons-nous toujours qu'il y a des gens qui n'ont même pas cela à manger de toute la journée. Il ne faut jamais jeter de nourriture, surtout pas dans un ashram. »

Quand l'université Amrita a commencé à se développer, Amma a appris que les étudiants jetaient énormément de nourriture. Amma leur en a parlé quand elle a eu l'occasion d'aborder le problème avec eux. Le lendemain, le gaspillage de nourriture avait diminué de façon radicale.

Amma nous a toujours dit : « Quand vous gâchez de la nourriture, rappelez-vous qu'il y a des millions d'enfants qui ne feront pas même un repas aujourd'hui. Quand vous faites des dépenses inutiles, rappelez-vous ceux qui souffrent le martyre parce qu'ils n'ont pas le moyen d'acheter des analgésiques. Puis elle insiste sur le fait que nous devons nous rappeler d'où vient l'argent de l'ashram. Il y a par exemple des dévots qui travaillent dans une carrière de granit, à environ 200 kilomètres au nord de l'ashram. Ils n'ont même pas assez d'argent pour s'offrir aisément le voyage à l'ashram. Et pourtant, quand ils reçoivent leur salaire hebdomadaire, ils se précipitent à la poste pour arriver avant la fermeture. Quand leur patron leur demande pourquoi ils sont si pressés, ils répondent : « Nous voulons envoyer une partie de notre argent à Amma. »

Il y a quelques années, un couple pauvre d'un autre district du Kerala est venu en apportant un énorme sac de riz. Quelques *brahmacharis* les ont aidés à porter le sac de riz et les ont conduits au *darshan* d'Amma. Ils ont offert le riz à Amma en disant : « Nous vendons des billets de loterie, et cela nous rapporte très peu. Et pourtant nous avons toujours rêvé de pouvoir participer nous aussi aux œuvres caritatives d'Amma. Alors nous avons fait des heures supplémentaires pendant trois mois et nous avons aussi sauté un repas par jour. Ainsi, nous avons pu économiser. Nous avions le désir de voir Amma ; mais nous ne sommes pas venus, car nous aurions ainsi dépensé tout notre argent dans le voyage. Nous n'aurions eu plus rien à offrir. Au bout de plusieurs mois, nous avons pu réunir assez d'argent. En chemin, nous nous sommes arrêtés pour acheter un sac de riz. Est-ce qu'Amma voudrait bien utiliser ce riz pour nourrir les pauvres ? »

En entendant ceci, Amma en a eu les larmes aux yeux. Le service n'est pas réservé aux riches. Ceux qui sont relativement pauvres peuvent aussi apporter leur contribution et aider les indigents. Cela me rappelle une belle histoire tirée de l'épopée du Ramayana. Amma la raconte souvent pour illustrer ce point.

Ayant découvert que son épouse bien-aimée, Sita, avait été enlevée par le roi démon Ravana et emmenée captive à Sri Lanka, le Seigneur Rama a décidé de construire un pont entre la pointe sud de l'Inde et Lanka, afin d'aller la délivrer. C'est l'armée de singes de Sri Rama, dirigée par son plus fervent dévot, Hanuman, qui s'est chargée du gros œuvre. Toutefois, les singes n'étaient pas seuls à travailler. Venu inspecter les travaux, le Seigneur a remarqué un petit écureuil bondissant qui faisait des allers et retours entre le pont et la rive. Il se faufilait en galopant entre les pattes des singes qui portaient sur les épaules d'énormes rochers destinés à la construction du pont. Sri Rama regarda de près et il s'aperçut que les mouvements de l'écureuil avaient un but. Avant d'arriver sur la rive, l'écureuil plongeait dans l'océan, grimpait sur la plage et se roulait dans le sable. Puis il retournait sur le chantier et se secouait, pour que tout le sable se dépose sur le pont. Il accomplissait ce rituel infatigablement, des centaines de fois. Les singes, agacés par sa présence, essayaient de l'éloigner.

« Que fais-tu donc ici ? finit par crier l'un d'entre eux.

– J'aide à construire le pont qui permettra de sauver Sita Dévi, a répondu l'écureuil. »

Tous les singes qui étaient à portée de voix ont éclaté de rire. « C'est bien, mon petit, l'exhortèrent-ils, mais comment pourrais-tu nous aider ? Regarde la taille des pierres que nous portons !

–C'est vrai, je ne peux pas porter autant que vous. Mais je fais tout ce que je peux. Je sais qu'il s'agit d'une noble tâche et je veux faire de mon mieux pour servir le Seigneur. »

Les singes ignorèrent l'écureuil. A la fin de la journée, ils sont allés en courant rapporter leur progrès à Sri Rama. Mais leurs exploits ne l'intéressaient pas. Il leur demanda en revanche de lui amener l'écureuil. « Pourquoi le Seigneur veut-il donc voir ce petit gars inutile ? » se demandèrent les singes. Mais ils n'osèrent pas lui désobéir. Quand ils amenèrent l'écureuil, le Seigneur le prit et le déposa affectueusement sur la paume de sa main. « Vous ne vous rendez pas compte, mes chers singes, que sans le sable déposé entre les rocs que vous apportez, le pont s'effondrerait. Ne méprisez jamais les faibles ni les actions de ceux qui ne sont pas aussi forts que vous. Chacun sert selon ses capacités et personne n'est inutile. » Le Seigneur caressa le dos de l'écureuil avec trois doigts, dessinant ainsi les lignes qui ornent aujourd'hui encore le dos de ces petits animaux. Elles nous rappellent éternellement que Dieu nourrit une affection particulière pour les petits et les faibles.

Amma a toujours dit que ce ne sont pas uniquement ceux qui reçoivent qui bénéficient des œuvres charitables. Tous ceux qui sont impliqués dans ces activités, à chaque étape, en retirent des bienfaits spirituels ou matériels ou parfois les deux. Les dévots d'Amma fabriquent par exemple différents objets, de l'artisanat, des colliers, des cartes de vœux, des guirlandes de fleurs et ils les lui offrent. Comme ils font ce travail par amour pour Amma et qu'ils n'attendent rien en échange, cela devient pour eux du *karma yoga*[1]. Amma bénit leurs cadeaux et d'autres dévots achètent ensuite ce *prasad* (objet ou aliment béni).

Amma contrôle et guide ceux qui distribuent l'argent dans le réseau humanitaire pour être sûre que l'argent va bien à ceux qui en ont le plus besoin. Ainsi, ceux qui ont fabriqué les objets comme ceux qui les ont achetés obtiennent du *punya* (mérite), parce que l'argent va aux plus pauvres.

Les bénéficiaires profitent de cet argent et l'aide d'Amma leur permet souvent de prendre un nouveau départ dans la vie. Enfin, ceux qui distribuent les fonds développent plus de vigilance et de discernement. Amma dit que sinon, c'est comme une adoration (*archana*) dénuée de toute ferveur : nous ne faisons que déplacer les fleurs d'un endroit à un autre. Par contre, si nous utilisons l'argent en faisant attention qu'il aille bien aux miséreux, alors cela devient une adoration. Comme le dit Amma : « Dieu n'est pas assis là-haut dans le ciel, sur un trône doré. Dieu est présent en tout être et en tout objet de la création. Aider les pauvres, les indigents, de toutes les manières possibles, c'est cela adorer vraiment Dieu. »

---

[1] Mot à mot,'karma' signifie « action ». 'Yoga' signifie « union » et désigne l'union de l'âme individuelle et de l'âme suprême. Ainsi le 'karma yoga', c'est atteindre cette union en accomplissant des actes désintéressés.

Au début du tour d'Amérique du nord 2006, une petite fille âgée de sept ans est venue au *darshan*. Elle s'appelle Amritavarshini et habite la ville d'Eugène, dans l'Oregon. En arrivant, elle a mis doucement une guirlande autour du cou d'Amma. Cette guirlande n'était pas faite de fleurs, mais de dollars, 200 exactement, tout ce que la petite fille avait sur son compte d'épargne.

Pendant le *darshan*, la petite fille s'est mise à pleurer. Puis elle a donné une lettre à Amma. Elle l'avait écrite avec l'aide de sa mère.

Chère Amma,

Comment pouvons-nous guérir les malades dans le monde ? Comment les gens peuvent-ils voir que nous formons une unité harmonieuse et arrêter de se bombarder mutuellement ? Comment effacer l'esclavage et le racisme ? Cela me cause vraiment un profond chagrin. S'il te plaît, donne cet argent au monde malade. S'il te plaît, prends soin des pauvres et des malades.

Avec amour,
Amritavarshini

Amma invita l'enfant et sa mère à s'asseoir près d'elle. « Pourquoi pleures-tu ? » a-t-elle demandé à la petite fille. En retenant ses larmes, l'enfant a dit : « Je veux faire la paix pour le monde. » La maman a expliqué qu'en rentrant chez elle, environ une semaine auparavant, elle avait un jour trouvé Amritavarshini en larmes. Quand elle lui a demandé la cause de ses larmes, elle a répondu que c'était à cause de l'esclavage, des guerres, des maladies et de la pauvreté dans le monde. Puis l'enfant a dit à sa mère qu'elle voulait donner toutes ses économies pour les œuvres caritatives d'Amma. Sa mère a donc retiré l'argent, en ne laissant que les 40 dollars minimum obligatoires pour que le compte reste actif. Mais Amritavarshini a insisté pour que cela aussi soit donné à Amma.

« De tels enfants sont l'espoir du monde, a dit Amma, tout en essuyant les larmes d'Amritavarshini, nous devrions tomber à leurs pieds et nous prosterner devant eux. Ce sont des enfants comme elle qui changeront le monde…. Puissent ses souhaits innocents se réaliser. » ❖

Chapitre 18

Grandir en amour

Il faut connaître un être humain pour l'aimer ;
Mais il faut aimer un être divin pour le connaître.

— Blaise Pascal

L e fermier veut diversifier ses cultures, mais il apporte toute son attention à la terre, parce qu'il sait qu'elle est le substrat, le facteur décisif dans la croissance de la vie végétale. Amma nous rappelle que de même, quelle que soit l'action que nous accomplissons, nous devrions toujours essayer de penser à l'Etre Suprême. Et c'est dans cette intention qu'Amma nous demande souvent de conclure notre méditation en priant pour que chacune de nos actions devienne une adoration de la Mère Divine.

> *O Mère Divine,*
> *Que chacune de mes paroles chante Ta gloire,*
> *Que chacune de mes actions soit une adoration.*
> *Puisse tout ce que je mange être une offrande à Tes pieds.*
> *A chaque respiration, puissé-je me souvenir de Toi avec amour.*
> *Que chacun de mes pas me rapproche de Toi.*
> *Quand je m'allonge, où que ce soit, que ce soit une prosternation à Tes pieds de lotus.*

Selon Amma, pour transformer chacun de nos actes en adoration, le plus facile, c'est de les accomplir avec amour. Elle parle selon sa propre expérience, elle qui voit le Divin en chacun d'entre nous et en tout ce qui existe. Toutes ses pensées, ses paroles et ses actions ne font que manifester cet amour débordant, qui lui donne une concentration parfaite et transforme chacun de ses actes en adoration. D'ordinaire, l'intensité de notre concentration et la qualité de nos actes sont directement proportionnelles à l'amour que nous avons pour l'objet de notre attention. Si par exemple nous regardons un bon film, nous sommes si absorbés que nous oublions tout ce qui nous entoure et même nos besoins physiques. Mais si le film est mauvais, nous sommes agités et nous avons le sentiment qu'il n'en finit pas.

Après la rupture avec sa petite amie, un homme lui demande de lui rendre ses lettres d'amour. « Je t'ai déjà rendu ta bague, proteste la femme ; est-ce que tu penses que je vais utiliser les lettres pour te faire un procès ?

– Oh non ! répond l'homme en la rassurant. C'est simplement que j'ai payé quelqu'un vingt-cinq euros pour me les écrire et que j'aurai peut-être l'occasion de m'en resservir » .

Vous êtes-vous déjà demandé pourquoi on dit « tomber » amoureux et non pas le contraire ? Quand nous tombons amoureux, notre attachement excessif et notre sentiment de possession par rapport à l'objet de notre affection nous font perdre tout discernement ; nous prenons des décisions irréfléchies que nous regrettons ensuite. Il y a toujours un élément d'attachement égoïste dans notre amour et la personne que nous aimons éprouve généralement le même attachement envers nous. (Si tel n'est pas le cas, c'est une cause supplémentaire de souffrance) . Mais quand nous éprouvons de l'amour envers un véritable maître spirituel, même s'il s'agit au départ d'un amour imparfait, qui inclut des attentes et de l'attachement, le maître nous aide à transformer cet amour en amour inconditionnel et désintéressé. Avec l'aide du maître, au lieu de tomber, nous montons pour atteindre les sommets de la réalisation du Soi.

Amma dit : « Le monde actuel croit que la plus belle relation, c'est celle entre un enfant et sa mère. Mais dans mon monde, il n'en est pas ainsi. La plus belle relation, c'est celle entre le guru et le disciple. Quand on comprend la spiritualité, le cœur s'ouvre. On perd le sentiment de posséder. *Ma* mère, *mon* père, *mon* enfant, *ma* famille… Dans la relation entre guru et disciple, tout appartient au Seigneur. Le 'moi' disparaît et il ne reste plus que l'*atman*. Aimez et servez les autres comme votre propre Soi. Quand la main gauche souffre, la main droite vient l'apaiser. C'est ainsi qu'il faut vivre. »

Il y a quelques années, Amma est allée à Genève recevoir le prix Gandhi-King pour la non-violence et tenir un discours devant un sommet de femmes chefs religieux. Le programme incluait aussi, dans un parc situé sur les rives du lac, la formation du mot 'peace' (paix) par tous les participants. Chacun, tenant une bougie à la main, devait se joindre à un groupe pour écrire le mot paix. Mais dès qu'Amma est descendue de la scène, les dévots l'ont entourée et ce qui aurait dû être un A est devenu une bouillabaisse illisible. Amma les a fortement encouragés à aller se mettre à leurs places respectives, mais c'était là une injonction à laquelle ils ne parvenaient pas à obéir. C'était plus fort qu'eux : partout où allait Amma, ils la suivaient. Les autres participants, bien sûr, étaient à leur poste et formaient des lettres parfaites. Mais Amma semblait toujours entourée d'une orbite de corps-satellites ! Au début, le responsable était un peu frustré, exhortant les dévots : « S'il vous plaît ! Nous essayons de former un mot ! »

Mais il comprit ensuite que pour les dévots d'Amma, il était plus important d'être proches d'elle que de participer à ce cérémoniel. Alors il se soumit et décida de se montrer réaliste. « Puisque vous aimez tant les cercles, eh bien, pourquoi est-ce que vous ne formeriez pas le point à la fin du mot ? » Amma éclata de rire et guida comme par jeu ses enfants jusqu'au bout des autres lettres. Une fois que ce fut fini, un journaliste qui avait observé la scène demanda à Amma : « Est-ce que ces gens vous vénèrent ? » Amma a secoué doucement la tête et a répondu en montrant tout le monde : « Non, c'est l'inverse. C'est Amma qui les vénère. »

Pour Amma, rien ni personne n'est insignifiant. Sa compassion est pareille à l'océan, dont les vagues accourent baigner les pieds de ceux qui ont la bénédiction d'être là. En 2006, pendant le tour du nord de l'Inde, la voiture d'Amma s'est trouvée devant un ivrogne chancelant au milieu de la route. Amma a ordonné au *brahmachari* qui conduisait de s'arrêter. L'ivrogne est passé près de la voiture en oscillant d'avant en arrière, d'un pas incertain. En passant, il a rebondi contre le véhicule de l'ashram qui suivait la voiture d'Amma, lui donnant un grand coup, avant de continuer son chemin.

Amma a laissé le conducteur reprendre le voyage, mais au bout de dix mètres, elle lui a demandé de s'arrêter. Elle a ouvert sa portière et est descendue de voiture pour crier à un des *brahmacharis* qui se trouvait dans la voiture suivante : « Il est complètement soûl, fais-le sortir de la route, assure-toi qu'il s'assied quelque part. Va voir les gens du village et confie-leur cet homme. » Le *brahmachari* a fait demi-tour et il s'est occupé de l'ivrogne en suivant les instructions d'Amma.

Un passage du Saundarya Lahari, composé par Adi Shankaracharya, dit :

« Puisse ton regard qui voit loin, puissent tes yeux entrouverts comme le lotus bleu fraîchement épanoui, baigner de leur grâce l'être indigne, l'étranger lointain que je suis. Comme les rayons rafraîchissants de la lune qui illuminent aussi bien le palais que la jungle, tu n'y perdras rien, O Shive (Mère divine, épouse de Shiva), mais je serai béni. »

L'année dernière, en 2005, pendant le tour européen, Amma a passé la nuit dans le nouveau centre qui porte son nom en

Allemagne. Le centre est un haras reconverti, situé au sommet d'une colline, avec une vue ravissante sur le village en contrebas et sur les prairies où les chevaux s'ébattent librement. Le matin, avant de partir prendre l'avion pour la Finlande, Amma est sortie passer un moment avec les résidents du centre et nourrir les chevaux. C'était une matinée claire et lumineuse.

Après avoir nourri les chevaux, elle est rentrée dans le centre où elle a distribué du *prasad* aux résidents et aux autres dévots.

« Hier soir, Amma pensait qu'elle pourrait passer toute la journée ici avec vous », dit-elle aux dévots. Elle ignorait, a-t-elle expliqué, qu'il lui fallait partir à midi pour avoir son vol à destination de la Finlande. « Amma pensait faire beaucoup de choses avec vous aujourd'hui : servir le déjeuner, chanter des *bhajans*, aller se promener, méditer dehors... »

« Donner la libération... » ajouta un dévot en souriant. C'était une plaisanterie, mais comme toujours, Amma y répondit avec beaucoup de profondeur.

« Tout ce que fait Amma est uniquement dans ce but dit-elle. En vivant avec les gopis de Vrindavan, en jouant et plaisantant avec elles, en volant leur beurre et leur lait, Sri Krishna en réalité dérobait leur cœur. C'est ce que fait Amma quand elle passe du temps en votre compagnie. Au tréfonds de vous, elle dépose une perle spéciale, pour que vous pensiez à elle où que vous alliez, quoi que vous fassiez. »

Normalement, quand nous nous lançons dans une tâche de longue haleine, nous restons tendus jusqu'à ce qu'elle aboutisse. Notre seul répit, c'est de penser : « Je me reposerai quand le travail sera terminé ». Grâce au souvenir de ces moments passés avec elle, Amma fait en sorte qu'au fond d'eux-mêmes, quoi qu'ils fassent, ses enfants pensent à elle. Amma a ajouté que ces pensées, le souvenir des moments passés avec le guru, sont des instants de paix et de repos.

Amma a ensuite expliqué que sur la voie de l'*advaita* (non-dualité) on s'efforce de voir le monde entier comme une extension de soi-même et que sur la voie de la *bhakti* (dévotion), on essaye de voir le Seigneur bien-aimé ou le guru dans toute la création. Les deux voies ne sont pas différentes, il s'agit juste de points de vue légèrement divergents sur le même objet. « Dans le monde d'aujourd'hui, les gens se précipitent pour entendre des discours sur le Védanta, mais ici nous essayons de *vivre* le Védanta » dit Amma . C'est ainsi qu'elle encourage ses dévots à servir le monde, en y voyant une extension d'Amma ou de leur propre Soi.

« En réalité, la relation entre le guru et le disciple est la relation entre le *jivatman* et le *paramatman*, le soi individuel et le Soi suprême. En vérité, ils ne font qu'un. Au bord de la rivière, nous voyons les deux rives et les croyons séparées, mais en réalité, elles se rejoignent dans le lit de la rivière. Il suffit d'enlever l'eau (l'ego) pour réaliser cette vérité. »

C'était l'heure de partir pour l'aéroport. La voiture d'Amma roulait tout doucement, comme quand Amma quitte Amritapuri au Kerala. Amma a baissé sa vitre et a tendu la main pour caresser celles de tous les dévots alignés au bord du chemin.

En créant des moments aussi précieux, des souvenirs sur lesquels nous pouvons méditer, Amma a rendu notre pratique spirituelle relativement facile. Ceux qui adorent l'Absolu sans forme et même la plupart des dévots du Seigneur auraient du mal à se souvenir de leur divinité d'élection aussi souvent que nous pensons à Amma. Quand nous voyons quelqu'un vêtu de blanc, notre pensée va aussitôt vers Amma et vers la paix profonde que nous ressentons en sa présence. Quand nous nous asseyons pour manger, nous pensons aux repas qu'Amma nous a servis de ses propres mains. Quand nous nous baignons dans un lac ou un étang, nous nous rappelons les moments où nous avons nagé avec Amma. Quand nous voyons des gens danser, c'est le souvenir d'Amma dansant dans la béatitude qui nous vient aussitôt. Quand nous faisons un travail physique pénible, nous nous rappelons comment Amma nous entraînait tous à faire les travaux que personne ne voulait faire : passer l'aspirateur dans la salle après un programme ou porter des briques ou du sable pendant toute la nuit. Quand nous mangeons un chocolat, nous nous rappelons l'étreinte d'Amma. Peu après ma rencontre avec Amma, quand je travaillais dans une banque loin de l'ashram, chaque fois que je voyais un véhicule immatriculé dans le district de Kollam ou bien des bus à destination de Kollam, je pensais à Amma et je m'oubliais moi-même. Tant de choses simples peuvent nous rappeler Amma. C'est l'avantage d'avoir un maître vivant. Si nous jetons une pierre dans l'eau, elle sombre aussitôt. Mais si nous mettons la pierre sur une planche en bois et la plaçons sur l'eau, elle reste à la surface. Ainsi, si nous prenons refuge en un vrai maître spirituel, nous pouvons assumer nos responsabilités dans le monde sans sombrer dans l'illusion, l'attachement et toutes les souffrances qui s'ensuivent.

Depuis qu'Amma a visité le ranch, les dévots y voient partout des perles magnifiques : les souvenirs de la visite d'Amma. Amma a distribué des perles semblables à ses enfants du monde entier. Cet enseignement s'adressait aux résidents du centre allemand mais il vaut pour tous ses enfants de la planète : « Servez de manière désintéressée en pensant à Amma et rappelez-vous toujours qu'Amma et vous n'êtes pas séparés ; en essence, nous ne faisons qu'un. » Pour les enfants d'Amma, c'est à la fois la voie et le but. Dès le premier pas de notre voyage, nous goûtons une paix intérieure qui nous était auparavant inconnue. Même le désir d'atteindre la libération disparaît tandis que nous nous élevons vers l'amour, l'amour du maître ; tel le phénix qui renaît de ses cendres, nous nous dégageons de nos attachements, de nos regrets, de nos chagrins et de notre peur.

Parfois, quand je conduis Amma en Inde sur de longs trajets, au lieu d'aller d'un endroit à un autre, j'aimerais conduire à travers l'espace infini : jamais je n'arrêterais la voiture, jamais je ne quitterais Amma ; il n'y aurait pas d'interruption dans mon service. Ainsi, Amma nous prend par la main et nous guide le long de la voie spirituelle, et beaucoup d'entre nous souhaitent que le voyage ne finisse jamais.

Puisse la bénédiction d'Amma être avec nous tous. ❖

Glossaire

Advaita : Mot à mot, « non deux ». Se rapporte à la non dualité, principe fondamental du Védanta, la philosophie ultime du Sanatana dharma.

Agami karma : le résultat des actions que nous accomplissons dans notre vie actuelle.

Amrita kutiram : œuvre caritative du Mata Amritanandamayi Math qui construit des maisons pour les familles les plus démunies. Plus de 30 000 maisons ont à l'heure actuelle été construites et remises aux bénéficiaires.

Amrita vidyalayam : écoles primaires et secondaires établies et administrées par le Mata Amritanandamayi Math. Il existe actuellement 55 écoles en Inde ; leur but est de donner aux enfants une éducation fondée sur des valeurs.

Amritavarsham50 : une fête qui s'est tenue à Cochin au Kérala en septembre 2003 en l'honneur des 50 ans d'Amma et qui fut essentiellement une prière collective et une rencontre internationale sur le thème : « Etreindre le monde pour la paix et l'harmonie. » Des chefs d'entreprise de différents pays, des militants pour la paix, des éducateurs, des guides spirituels, des défenseurs de l'environnement ainsi que les plus hauts dirigeants de l'Inde et des artistes parmi les meilleurs ont participé à cette fête de 4 jours. Plus de 200 000 personnes par jour y ont assisté, et cela inclut des représentants de chacune des 191 nations membres des Nations Unies.

Arati : il s'agit d'un rituel que l'on accomplit traditionnellement à la fin d'une cérémonie d'adoration et qui consiste à décrire des cercles devant l'idole avec du camphre enflammé. L'arati symbolise l'abandon de soi : le camphre brûle sans laisser de traces, tout comme l'ego doit se dissoudre complètement dans le processus qui consiste à s'abandonner au Guru ou à Dieu.

Archana : Désigne communément la récitation des 108 ou des 1000 noms d'une divinité (par exemple le Lalita Sahasranama)

Arjuna : un grand archer, un des héros de l'épopée du Mahabharata. C'est à Arjuna que Krishna donne l'enseignement contenu dans la Bhagavad Gita.

Ashrama : étape de la vie. Les Védas divisent la vie humaine en quatre ashramas.

Atman : le Soi, la Conscience.

AUM : (ou Om) selon les Ecritures védiques, c'est le son primordial de l'univers et la graine de la création. Tous les autres sons émergent du Om et se dissolvent de nouveau dans Om.

Aum Amriteshwaryai namah : mantra que les dévots utilisent pour honorer Amma et qui signifie : « salutations à la déesse de l'immortalité. » (Amma).

Avadhuta : saint dont le comportement n'est pas conforme aux normes sociales.

Bhagavad Gita : « Chant du Seigneur ». L'enseignement de Krishna à Arjuna au début de la guerre du Mahabharata. C'est un guide pratique qui contient l'essence de la sagesse védique et nous enseigne comment affronter les situations de crise dans la société ou dans notre vie personnelle.

Bhajan : Chant dévotionnel.

Bhava : attitude ; manifestation divine

Brahmachari : un moine disciple qui pratique une discipline spirituelle sous la direction d'un maître. (brahmacharini est l'équivalent féminin).

Brahmacharya : célibat, contrôle des sens en général.

Brahman : la vérité ultime au-delà de tout attribut. Le substrat de l'univers, omnipotent, omniscient et omniprésent.

Darshan : rencontre avec une personne sainte ou vision d'une divinité.

Dévi : déesse, la Mère divine.

Dévi Bhava : « Manifestation divine de Dévi » . C'est l'état dans lequel Amma révèle son unité avec la Mère divine, son identité avec Elle.

Dharma : en Sanscrit, dharma signifie « ce qui soutient (la création) ». La plupart du temps, le mot est synonyme de « l'harmonie de l'univers ». Quelques autres sens possibles : justice, devoir, responsabilité.

Duryodhana : L'aîné des cent frères Kauravas. Il usurpa le trône dont Yudhishtira, l'aîné des frères Pandavas, était l'héritier légitime. La haine qu'il éprouvait contre les vertueux Pandavas et son refus célèbre de leur accorder un seul brin d'herbe du royaume rendirent la guerre du Mahabharata inévitable.

Gopi : les gopis étaient des bergères qui vivaient à Vrindavan, là où Krishna passa son enfance. Elles brûlaient de dévotion pour Krishna. Elles sont le modèle de l'amour le plus ardent qui soit pour Dieu.

Gita dhyanam : Mot à mot : « méditation sur la Gita ». Ce sont des versets que l'on chante traditionnellement avant l'étude de la Bhagavad Gita dont ils célèbrent la gloire.

Gurukula : Mot à mot : « le clan du guru ». Il s'agit d'écoles où les enfants vivaient avec un guru qui leur enseignait les Ecritures sacrées et le savoir académique, tout en leur donnant la chance de s'imprégner des valeurs spirituelles.

Japa : répétition du mantra.

Jiva ou jivatman : âme individuelle ; selon l'advaita Védanta, en réalité, le jivatman n'est pas une âme individuelle limitée, mais elle est identique à Brahman, que l'on désigne aussi comme le Paramatman, l'Âme unique, l'Intelligence suprême qui constitue la cause de l'univers.

Jnana : Connaissance

Karma : actions conscientes ; désigne également la chaîne des effets produits par nos actions.

Kauravas : Les cent fils du roi Dhritharasthra et de la reine Gand-hari ; l'inique Duryodhana était l'aîné. Les Kauravas étaient les ennemis de leurs cousins, les vertueux Pandavas, contre lesquels ils ont combattu dans la guerre du Mahabharata.

Krishna : La principale incarnation de Vishnou. Né dans une famille royale, il grandit chez des parents adoptifs et vécut comme jeune pâtre à Vrindavan où il était aimé et vénéré par ses compagnons, les gopis et les gopas. Krishna fonda ensuite la ville de Dwaraka. Il était l'ami et le conseiller de ses cousins les Pandavas, surtout d'Arjuna, auquel il servit de conducteur de char pendant la guerre du Mahabharata. C'est à Arjuna qu'il révéla son enseignement sous la forme de la Bhagavad Gita.

Lalita Sahasranama : les mille noms de la Mère divine.

Lila : jeu divin

Mahabharata : Une des deux grandes épopée historiques de l'Inde ancienne, l'autre étant le Ramayana. L'histoire décrit essentiellement la lutte entre les vertueux Pandavas et leurs cousins les Kauravas et la grande bataille qui eut lieu à Kurukshetra. L'épopée contient cent mille vers, c'est le plus long poème épique du monde, écrit aux environs de 3 200 avant J-C par le sage Véda Vyasa.

Mahatma : Mot à mot : « grande âme ». On tend à élargir l'usage de ce terme. Dans ce livre, il désigne uniquement un être qui est établi dans la connaissance de son unité avec le Soi universel, avec l'atman.

Mata Amritanandamayi Dévi : le nom spirituel officiel d'Amma, qui signifie Mère de la Béatitude immortelle. Souvent précédé de Sri, une syllabe qui dénote le caractère favorable, bienfaisant de la personne.

Mukti : Mot à mot : « dissolution finale de tous les chagrins ». Désigne la libération du jiva (âme individuelle) du cycle de la naissance et de la mort. Elle se produit quand le jiva réalise sa véritable identité en tant que Paramatman (âme suprême).

Pada puja : cérémonie qui consiste à laver les pieds du guru ou ses sandales pour montrer son amour et son respect. Les ingrédients utilisés sont généralement l'eau pure, le yaourt, le ghee (beurre fondu), le miel et l'eau de rose.

Papa : « démérite » encouru pour avoir accompli une action injuste. Les « papa » accumulés sont la cause des souffrances que doit traverser un individu.

Pandavas : Les cinq fils du roi Pandu, les héros de la guerre du Mahabharata.

Prarabdha : les fruits d'actions accomplies dans des vies antérieures qui nous reviennent sous la forme des expériences de notre vie présente.

Prasad : offrande bénie ou cadeau reçu d'une personne sainte ou d'un temple, souvent sous forme de nourriture.

Puja : rituel d'adoration.

Punya : « mérite » obtenu en accomplissant une action juste. Les punyas accumulés sont à l'origine du bonheur dans la vie d'un individu.

Rama : le héros divin de l'épopée du Ramayana. Incarnation du dieu Vishnou, il est considéré comme l'idéal du dharma et de la vertu.

Ravana : un roi démoniaque et puissant. Vishnou s'est incarné sous la forme de Rama pour détruire Ravana et rétablir l'harmonie dans le monde.

Rishis : Sages réalisés qui avaient la vision de la Réalité. Ils ont perçu les mantras au cours de leur méditation.

Sadhana : pratique spirituelle.

Sadhana panchakam : Mot à mot : « cinq versets sur la vie spirituelle ». Alors que la vie de Adi Shankaracharya tirait à sa fin, ses disciples lui demandèrent un résumé des principes essentiels du Sanatana dharma. C'est alors que jaillirent spontanément des lèvres de leur maître ces cinq quatrains. Chacun des quatre vers donne deux conseils. Le texte est comparable à une échelle de quarante barreaux, une échelle qui mène au Royaume de Dieu.

Samadhi : Mot à mot : « Fin des oscillations du mental ». Un état transcendantal dans lequel le soi individuel est uni au Soi suprême.

Samsara : Le cycle des naissances et des morts.

Sanchita karma : la totalité des fruits de nos actes, accomplis dans des vies antérieures.

Sanatana Dharma : « le mode de vie éternel ». Le nom d'origine et traditionnel de l'Hindouisme.

Sannyasi : un moine qui a fait des vœux officiels de renoncement (sannyasa). Un sannyasi porte traditionnellement la couleur ocre. Cette couleur symbolise le fait que tous les désirs ont été brûlés dans le feu du renoncement. L'équivalent féminin est sannyasini.

Soundarya lahari : poème de Shankaracharya qui décrit la « divine beauté » de Dévi.

Satguru : mot à mot : maître authentique. Tous les satgurus sont des mahatmas, mais tous les mahatmas ne sont pas des satgurus ; le satguru est celui qui, établi dans la béatitude du Soi, choisit de descendre au niveau des gens ordinaires pour les aider à grandir spirituellement.

Satsang : être en communion avec la Vérité suprême. Aussi être en compagnie des mahatmas, écouter des discours ou des débats sur la spiritualité et participer à des pratiques spirituelles faites en groupe.

Seva : Service désintéressé, dont les fruits sont offerts à Dieu.

Shankaracharya : un mahatma qui par ses œuvres a rétabli la primauté de l'advaita védanta, la philosophie de la non dualité, à une époque où le Sanatana Dharma était en déclin.

Shiva : Il est vénéré en tant que premier de la lignée des gurus ainsi que comme le substrat sans forme de l'univers, en relation avec la déesse shakti. Il est le Seigneur de la destruction (de l'ego) dans la trinité composée de Brahma (création), Vishnou (préservation) et Shiva. Il est généralement décrit comme un moine, le corps recouvert de cendres, des serpents dans les cheveux, vêtu d'un pagne, ayant un bol de mendiant et portant un trident.

Sita : la sainte épouse de Rama. En Inde, on considère qu'elle est l'idéal de la femme.

Shrimad Bhagavatam : Texte dévotionnel qui décrit les différentes incarnations de Vishnou, en mettant spécialement l'accent sur Krishna. Ecrit par le sage Vyasa après la rédaction du Mahabharata.

Tapas : austérités, pénitence.

Upanishad : les parties des Védas qui exposent la philosophie de la non-dualité.

Vairagya : détachement, plus particulièrement envers ce qui est impermanent, c'est-à-dire envers tout le monde visible.

Vasana : tendances latentes ou désirs subtils dans le mental qui se manifestent sous la forme d'actions ou d'habitudes.

Védanta : « la fin des Védas ». Ce terme désigne les Upanishads, qui parlent de Brahman, la Vérité suprême et de la voie qui mène à la réalisation de cette vérité.

Védas : les plus anciennes de toutes les Ecritures sacrées. Les Védas n'ont pas été écrits par des êtres humains mais révélés aux rishis des temps anciens, alors qu'ils étaient plongés dans un état de méditation profonde. Les mantras qui les composent ont toujours existé dans la nature sous la forme de vibrations subtiles. Les rishis ont atteint un état de concentration si profond qu'ils furent capables de les percevoir.

Viveka : Discernement. Tout particulièrement le fait de discerner entre l'éphémère et l'éternel.

Viveka Chudamani : pur joyau du discernement. Texte de Shankaracharya qui est une introduction à la philosophie du Védanta.

Yagna : sacrifice. Il s'agit d'une offrande rituelle ou d'une action accomplie comme un sacrifice pour le bien de l'individu ou de la société.

Yoga : « unir ». Union avec l'Être suprême. Un terme vaste qui indique aussi les différentes méthodes pratiques par lesquelles on peut arriver à l'union avec le Divin. Une voie qui mène à la réalisation du Soi.

Yoga Vashishta : un texte ancien qui expose la philosophie de la non-dualité au travers d'histoires. La tradition l'attribue au sage Valmiki, l'auteur du Ramayana.

www.ingramcontent.com/pod-product-compliance
Lightning Source LLC
LaVergne TN
LVHW051732080426

835511LV00018B/3019